臺灣歷史與文化 研究輯刊

二 編

第 27 冊

日治時代日本人學習臺灣語的困境（上）

王森田 著

花木蘭文化出版社

國家圖書館出版品預行編目資料

日治時代日本人學習臺灣語的困境（上）／王森田 著 — 初版
— 新北市：花木蘭文化出版社，2013〔民 102〕
目 8+148 面；19×26 公分
（臺灣歷史與文化研究輯刊 二編；第 27 冊）
ISBN：978-986-322-251-4（精裝）
1. 臺語　2. 日語　3. 比較語言學
733.08 　　　　　　　　　　　　　　　　　　102002857

ISBN-978-986-322-251-4

9 789863 222514

臺灣歷史與文化研究輯刊
二 編　第二七冊　　　　　　　ISBN：978-986-322-251-4

日治時代日本人學習臺灣語的困境（上）

作　　者　王森田
總 編 輯　杜潔祥
出　　版　花木蘭文化出版社
發 行 所　花木蘭文化出版社
發 行 人　高小娟
聯絡地址　235 新北市中和區中安街七二號十三樓
　　　　　電話：02-2923-1455 ／傳眞：02-2923-1452
網　　址　http://www.huamulan.tw 信箱 sut81518@gmail.com
印　　刷　普羅文化出版廣告事業
初　　版　2013 年 3 月
定　　價　二編　28 冊（精裝）新臺幣 56,000 元

日治時代日本人學習臺灣語的困境（上）

王森田　著

作者簡介

王森田

1. 國立中正大學 中文所 文學博士
2. 現於下列各大學 兼任助理教授
   國立中興大學 中文系
   國立臺中教育大學 語言教育學系
   逢甲大學 中文系
   靜宜大學 通識教育中心
   僑光科技大學 英語系日語課程
3. 豐原市富春國小 閩南語 教師（1998 ～ 2000）
4. 復興廣播電臺《明倫之聲》主播（1993 ～ 1998）
5. 臺中教育局立案芝蘭舞蹈班設立人兼舞蹈教師（1983 ～ 1993）

提　　要

　　明治 28 年（1895）中日甲午戰爭，中國戰敗，將臺灣割讓給日本，到昭和 20 年（1945）臺灣光復為止，臺灣被日本統治了五十一年，於是開始了歷史上的日治時代。當時日本人為了管理的方便，開始學習臺語，並編制各種臺語教科書。為了學習上的便利，使用日語五十音以及特殊符號來標注臺語發音，但是臺語與日語畢竟是不同的語言系統，因此在學習過程中會遇到一些困難。為了凝聚研究的焦點，特別選出臺灣總督府警察官及司獄官練習所於昭和 19 年（1945）所發行的「臺灣語教科書」，以及臺北第二師範學校的教諭張燿堂先生於昭和 10 年（1935）所發行的「新選臺灣語教科書」做為研究的範本。

　　日治時代臺語教科書將兩種不同語言系統的發音勉強做對應，當時有其不得不然的時代性考量，身為語言研究者，有必要將這兩種語言系統做一比較與釐清。為了進行臺日兩種語言系統的比較研究，必須使用一個共通的拼音系統來說明，筆者在此採用羅馬拼音來做分析。本文研究內容包含音韻、詞彙、語法等予以比較，分析日本人學習臺語的困境，並將兩個版本的教科書做一比較，希望有助於未來第二語言的教學。

目

次

第一章 緒 論

一、研究動機與範圍

　　明治 28 年（1895）中日甲午戰爭，中國戰敗，將臺灣割讓給日本，到昭和 20 年（1945）臺灣光復為止，臺灣被日本統治了五十一年。當時臺灣無論是教育體制或教育方針都有一些特殊現象，而這些現象在歷史文獻中有記載，還有一些至今還健在的耆老，對此現象可以有所陳述，這些現象是值得研究的課題，這便是引發筆者進行研究的動機。本文的研究範圍主要鎖定在臺灣日治時代日本人學習臺灣語的狀況，在探討日本人學習臺灣語的困境之前，先探討臺灣日治時期的社會環境，內容包括日本警察與臺灣民眾的互動關係、臺灣人進入日本專門小學校的種種限制、各學校的教育措施、臺灣女子教育的狀況、臺灣男子受到日本軍方徵調的狀況……等。

　　為了集中研究焦點，筆者特地到國家圖書館臺灣分館六樓，翻閱臺灣日治時代遺留下來的圖書典藏，發現許多日本人所編製的臺灣語教科書以及臺灣語的學習參考書，可見當時日本人對臺灣語研究與學習所付出的時間、金錢與心力。在那龐大的臺灣語書籍中，為了聚集研究焦點，特別選出「警察體系」與「師範學校」的教科書做為研究對象，分別是臺灣總督府警察官及司獄官練習所於昭和 19 年（1944）所發行的《臺灣語教科書》〔註1〕，以及臺北第二師範學校的教諭張耀堂先生於昭和 10 年（1935）10 月 10 日所發行的「新選臺灣語教科書」〔註2〕。

〔註 1〕　《臺灣語教科書》，臺灣總督府警察官及司獄官練習所，臺北，昭和十九年（1944）九月二十日發行。

〔註 2〕　張耀堂《新選臺灣語教科書》，臺北，村崎長昶，昭和 10 年（1935）10 月 10 日發行。

　　首先介紹警察體系的《臺灣語教科書》，事實上，在這本教科書出版年代之前，還有另一本值得研究的文獻《台灣語之研究》〔註3〕，作者熊谷良正是當時臺北州的「巡查」，而爲這本書寫序文的人有三位，分別是大久保留次郎，他是臺灣總督府警務局長；內海忠司，他是臺北州警務部長；水谷利章，他是臺灣總督府法院通譯。除了校閱者劉克明是臺北第一師範學校教諭之外，其餘的人都是當時臺灣總督府警界的人物，因此這本書也影響了當時的警界。但是筆者並未以這本書做研究，其原因是這本書在昭和 4 年（1909）出版，早於臺灣總督府在昭和 10 年（1935）所編的《臺灣語教科書》，以內容的成熟度與社會的適用度來講，應該是後出轉精，因此筆者選擇日本人在領臺末期所編制的《臺灣語教科書》。這本書分上下兩編，第一編說明臺灣語的基本語音特色、聲調與轉調的練習，並簡介臺灣語與客家語的分布狀況；第二編介紹臺灣語的語法、會話、單語類集，並以日常生活的實際對話做演練。這個版本改訂過十次，本文所使用的是改訂的第十一個版本，初版究竟何時出版，由何人主編，仍待繼續查詢。第十一版發行時，爲臺灣光復前一個月，也就是日治時代末期，就整個日治時代的臺灣語學習狀況來說，屬於臺灣語教科書中最成熟的作品。日本警察爲了有效管理臺灣人，並且達到言語溝通的目的，在日本語尚未十分普及之前，學習臺灣語是不可或缺的要務。雖然昭和 19 年（1944）的領臺末期，臺灣人民幾乎都會用日本語來進行日常會話的溝通，但是總督府還是繼續編製並發行臺灣語教科書，由此可見，日本政府並沒有放棄學習臺灣語，這項語言的學習狀況即形成日治時代社會與教育的特殊現象。

　　其次介紹師範學校所用的《新選臺灣語教科書》，這本教科書出版的時候，正值日本在臺始政四十周年紀念，這個版本是當時臺灣本島內各師範學校所使用的範本，代表當時日本人在臺四十年間，對於臺灣語研究的成果，以及將這個研究成果運用於師範學校，培育出國家教育方面的人才，以便在臺灣島上擔任教育的職務。這本教科書編輯的目的也是爲了讓完全不懂臺灣語的日本人，在師範學校學習臺灣語時，能夠了解臺灣語的發音。由於考慮到日本人發音的方便，其拼音方式也與警察體系的教科書一樣，完全以日本語的五十音來拼讀臺灣語的發音，再加上日本語的翻譯，讓學習者容易入手。

　　筆者選擇這兩種體系的教科書做爲研究對象的原因有三：首先，這兩種

〔註3〕　熊谷良正《台灣語之研究》，臺灣日日新報社出版，昭和 4 年（1929）7 月。

文獻資料保存得比較完整，容易進行研究；其次，臺灣日治時期，日本警察和學校教師與臺灣人民的關係最為密切，警察更是與臺灣民眾的生活息息相關，為了管理臺灣人民，並進行良好的人際溝通，警察這一個職務是最迫切需要學習臺灣語的。而學校教師為國家培育人才，透過教育來讓臺灣年輕的一代了解並接受日本文化，因此教師也是極迫切需要學習臺灣語。其三，這兩本書都是當時做為學習臺灣語的正式教材，也就是所謂的「教科書」。既然是警界與學校的教科書，那麼被使用的廣泛性一定比一般研究用的書為高。例如熊谷良正所編的《台灣語之研究》，雖然也值得做參考，但是它畢竟是屬於個人的研究，對於當時整個社會的影響力是不及教科書的。因此針對這兩種與當時臺灣人民互動最頻繁，且極需學習臺灣語的職業，也就是教師與警察，他們在學習臺灣語時，可能會遇到什麼樣的困境來研究。本文擬從「音韻」、「詞彙」、「語法」三方面，探討臺灣語與日本語的異同，以便了解日本人學習臺灣語的困境。並比較「警察體系」與「師範體系」兩本教科書的內容，以明白日本人在學習臺灣語時所面臨的一些困境。

　　身為一個語言學研究者，再加上自幼生長在臺灣這塊土地上，對於臺灣歷史的一部分－日治時代的語言問題，相當有興趣。臺灣語和日本語之間所存在的語言問題，應該是一個值得研究的議題，希望研究過後的發現，能夠對目前在臺灣實施多元語言教育有所啟發。

二、研究方法

　　本文的研究方法有三種：其一是「質性訪談法」〔註4〕，為了要了解日治時期社會的種種真實狀況，除了參考歷史文獻資料之外，還特別訪談了日治時期接受過日本教育的耆老，訪問當時親身經歷的一些社會狀況，以便印證文獻上所記載的事跡。但是為時五十一年的臺灣日治時期包含明治時代、大正時代、昭和時代，而由於人類壽命的有限，時至二十一世紀的今日，已經很難尋找到明治時代出生的耆老。另外，為了與本論文的題意更為貼切，原本想要訪問日治時代曾經住在臺灣，並且在臺灣接受學校教育的日本人，詢問當時學習臺灣語的狀況，但是當時居住臺灣的日本人已回日本定居，雖然不定期地會到臺灣來開同學會，但是現在已逐漸年邁，回到臺灣來開同學會

〔註4〕　「質性訪談法」參考高淑清《質性研究的 18 堂課－首航初探之旅》與《質性研究的 18 堂課－揚帆再訪之旅》，臺北，麗文文化事業股份有限公司，2008年。

的次數也減少，因此暫時無法聯繫到訪談事宜，留待未來研究繼續探訪。由於以上諸多因素，因此便將本論文訪談的耆老對象設定在 1922～1930 之間，受過日本學校正規教育的耆老進行訪談，將訪談所得的訊息與日治時期留下的文獻資料做一比照，考察其間的相同點與相異處，做爲當時社會與教育文化現象的研究。

其二是「結構學派描述法」〔註5〕，所謂「結構學派描述法」就是針對語言文字根本的「立體結構」入手，不僅對「平面語言」的問題做淺層分析，而且也做了「立體」的深度分析。所謂「平面」的語言問題，諸如語言本身的音韻、詞彙、語法、文白夾雜等基本問題都屬於平面的結構。而至於「立體」的結構就牽涉到語言的「歷史性」問題，透過臺灣語「本字」與「造字」的探討，進行詞彙與語法的探源，在研究臺灣語詞彙時，必須探索目前習慣用語的本字，才能了解文字的歷史根源，在這樣的基礎下，進而與日本語進行比較研究，分析語言的歷時與共時的差異，對語言的歷史問題做一研究。

其三是「歷史比較法」，由於臺灣日治時代距離現今，經過了一段歷史演變，在進行研究時，必須將過去與現在的語言用法做一比較。畢竟，臺灣語及日本語是兩種不同的語言系統，以漢字而言，雖然有一部分的漢字相同，但是有一些漢字是不相通的，在此都必須特別提出來。另外如拼音符號、聲調、詞彙、語法等部分更是屬於完全不同的語言系統，爲了進行兩種語言系統的比較研究，必須使用一個共通的拼音系統來說明，於是筆者決定採用羅馬拼音來做分析。日治時代所編纂的臺灣語學習教材，以日本語的五十音做爲臺灣語的注音符號。而在音調上則設計一些特殊符號以配合臺灣語的音調特色，將兩種不同語言系統的發音勉強做對應，當時有其時代性不得不然的考慮，身爲語言研究者，有必要將這兩種語言系統做一釐清。

無論是警察體系或是師範學校所編的臺灣語教科書，其編纂目的都是爲了讓完全不懂臺灣語的日本人能透過注音，達到方便學習臺灣語的目的，因此設計發音系統時，考慮到日本人發音的問題，便以日本語的五十音來拼讀臺灣語的語音。這樣一來，會產生兩個嚴重的困境：其一是臺灣與日本之間的語言系統不同所產生的根本困難。其二是歷時演變所產生的隔閡，以致現代人難以研讀舊時的課本，首先是漢字系統的變革，昭和時期以前的日本漢

〔註 5〕 「結構學派描述語法」參考楊秀芳《臺灣閩南語語法稿》的方法。大安出版
　　　　 社，1994 年 4 月。

字，與現代的日本漢字有一些差異，現代的日本漢字是經過了一段長時間的演化與改造之後才形成的；還有五十音系統也有一些變革。昭和時期以前日本人所通用的五十音，與現代日本語的五十音也有差異，亦即有「舊五十音」與「新五十音」的不同。因此即使是現在的日本年輕人來讀這些專爲日本人所設計的臺灣語教科書，也會有一些障礙，這種世代之間所存在的問題與代溝，就像是現代的日本人看不懂舊時代所留存下來的經典或古典小說一樣，這種問題同樣存在於語言之中，因此要研究昭和時期所留下的歷史文獻資料，除了必須具有現代日本語的能力之外，還必須具備有閱讀日本舊五十音與舊漢字的語言能力。因此筆者在撰寫本論文之前，先學習現代日本語，在取得「一級能力檢定」〔註6〕的證照之後，再花一段時間跟隨老一輩懂得舊式日本漢字與發音的日本老師學習舊式的日本語，然後才能進行本文的分析與研究。然而，日本人在當時所設計的這些「特殊符號」，以及習慣「舊五十音」的使用，有一些拼音文字或特殊符號，是現代電腦系統所無法輸入的，因此關於「聲調」方面的特別符號，筆者用「小畫家」系統來模擬畫出這些特別的形狀，雖然無法達到百分之百的相同，但是其相似度已足夠做爲辨識聲調之用。

　　爲了進行「結構學派描述法」與「歷史比較法」時，減少研究上的困境，有關日本語「新五十音」與「舊五十音」的歷史演變與用法，必須先做深入的探究。例如現代日本語的「推量」或「揣測」用語的語法是「ます型＋でしようね」，而舊式的用法則爲「ます型＋でせうね」，例如「御存じでしようね」，「想必您知道吧」的舊式說法爲「御存じでせうね」，也就是臺灣語「汝檢探知影乎？」。又如日本語「解りでしようね」的舊式用語爲「解りでせうね」，相當於臺灣語「敢能曉……乎？」的語法，意思是「你應該知道吧？」還有更複雜的用法是，臺灣語「能食得沒？」一詞，傳達出「可以吃了嗎？」的意思，日本語翻譯爲「食べられませうか」，其實只要使用動詞的「可能形」就能表達這句話的意思，也就是「食べられます」的語法。書中爲了表達「懇求」的意思，因此在語尾使用「ませうか」，這是屬於「舊五十音」的用法，相當於現代「新五十音」的「ましよか」的語法，因此整句話結合起來成爲「食べられませうか」，相當於「食べられましよか」的意思。

〔註6〕　日本文化國際交流協會所舉辦的「日本語能力檢定」，自最低至最高的級數分
　　　　別是：五級、四級、三級、二級、一級。

　　現代新日本語「ています」的舊式寫法為「てゐます」，用來表示正在進行的動作與狀態，例如日本語「新聞を讀んでゐます」就是「正在看新聞」的意思，對應臺灣語「在看新聞」。新舊日本語雖然在寫法上有所不同，但是「ゐます」的「ゐ」字，與現代新五十音「ら」行的「る」字很像，因此容易讓讀者產生誤讀而不解其意。

　　日本語五十音有些是可以互通的，像「そ」音與「さ」音就是互通的，日本語表示「據說」或「好像」的語法是「そうです」，舊式用法則為「さうです」。又如「う」行與「ふ」行的音也是互通的，動詞詞尾若是「う」行的字，舊五十音則是「ふ」行。動詞形式有「辭書型」與「ます型」之分，所謂「辭書型」就是相當於「原形動詞」，而「ます型」就是「敬體動詞」。當辭書型動詞的語尾是「う」時，敬體就變成「います」，而舊式用法則為「ひます」，例如「思います」的舊式用法是「思ひます」。當動詞做「被動」用法時，也是一樣的規則，例如「拾う」的被動式為「拾われた」，而舊式用法則就是「拾はれた」，相當於臺灣語「俾人拾着」，也就是「被撿到」的意思。日本語為了表達「懇求」的用意，經常用「貰う」這個動詞，它的舊式用法是「貰ふ」，而為了表達要求的口語時，動詞則轉變為「貰おう」，舊式用法則為「貰はう」的形態。例如「為我提去寄好不」一詞，日本語為了表達「懇求」的用意，因此使用「貰へませうか」一詞，這是屬於「舊五十音」的用法，動詞原形是「貰ふ」，相當於現代「新五十音」的「貰う」；而為了表達「可以嗎」的婉轉語氣，因此將動詞轉變為「貰へます」的形態，相當於現代「新五十音」的「貰えます」的用法。接著為了表達出「要求」或「邀請」的口吻，再將動詞改變為「貰へませうか」，相當於現代「新五十音」「貰えましよか」的語法。例句「俾狗食」一詞，書中日本語翻譯為「食はせた」，是屬於「舊五十音」的用法，相當於現代「新五十音」的「食わせた」的語法。舊五十音的動詞原形是「食ふ」，而新五十音的動詞原形則是「食う」，因此這個動詞在變化為「被動」的形態時，就原本的由「食はせる」變為「食わせる」……等。若不了解舊日本語與新日本語之間的關聯性與歷史演變，則無法進行文本閱讀，將會產生研究上的困境。

　　本文為了進行臺灣語以及日本語之間的拼音系統分析與比較說明，必須使用一種能適合兩種語言系統的拼音符號，因此除了依據臺灣總督府警察官及司獄官練習所的這本教科書中所使用的「舊日本五十音」之外，還選擇了

「羅馬拼音」來做爲分析臺灣語與日本語的拼音符號系統。原因是筆者訪談了多位日本人，他們一致認爲「羅馬拼音」是他們最熟悉的拼音符號系統，自小在學習外國語言時，都使用這一套拼音符號系統。而學習臺灣語的過程，對日本人來說，也是和他們學習英語、法語、義大利語……等歐美語言一樣，都是在學習一種外國語言，基於這個原因，於是筆者在本文中一律使用「羅馬拼音」來進行分析。至於本文所使用的「羅馬拼音」系統，則以沈富進先生所編纂的《彙音寶鑑》〔註7〕中的羅馬拼音符號系統做爲基準，來拼讀臺灣語以及日本語的發音。由於現代語言學者多以「國際音標」進行語言的研究，因此在本文結束之後的附錄中，特別將「羅馬拼音」與「國際音標」做一對照表以供比較。

　　本文在章節的安排上，擬先將臺灣日治時代的社會狀況，透過「耆老訪談」的方式做一環境背景的介紹；其次將警察體系與師範學校的臺灣語教科書，依據其內容分爲「音韻」、「詞彙」、「語法」進行比較分析；然後再將兩本教科書的內容與體裁做一比較說明，並總論當時日本人學習臺灣語的困境與解決之道；最後將本文研究的成果、困境、未來研究的展望做一說明。

三、文獻回顧

　　時至目前爲止，學術界研究臺灣日治時代日本人學習臺灣語的學術論文十分罕見，尤其是針對日治時代的臺灣語教科書做研究的部分，至今尚未發現，因此本論文很有可能是學術界第一次的初探。由於過去的學者沒有相關的論著，想要尋找並參考前人的研究成果是非常困難的，本文是在沒有前人研究的基礎之下，所進行的研究，也就是說無中生有、從無至有的研究嘗試。因此本文在內容上可能有一些粗淺之處，還必須予以詳細琢磨，但由於是第一次的初探，在研究的價值上，應該是值得鼓勵的。另外，無論是本篇論文所研究的主要文本，也就是兩本臺灣語教科書，或是論文中所參考的主要文獻，例如小野西洲所著《警察官對民眾台語訓話要範》與鈴木質所著《國民的行事と作法》等，都是以日本語所書寫的文獻，因此筆者在進行研究之前，必須先將這些文獻翻譯成中文，再引用至本篇論文中，因此與一般論文相較之下，必須花費加倍的時間來書寫而且有一些必須克服的難度。

〔註7〕沈富進《彙音寶鑑》，嘉義，文藝學社出版社，民國四十三年十二月二十日初版。

　　本節雖然要進行文獻回顧與探討，但是由於缺乏直接的論著，因此只能從與臺灣語有關的語言學方面的論著，或是臺灣語及日本語之間的關聯性方面的論著，進行閱讀與研究。歷年來有關臺灣語研究的論著，成果十分可觀，從丁邦新於 1979 年著作《臺灣語言源流》，對語言的源流做一概略的剖析之後，對未來學術界研究臺灣語立了一個啟發性的里程碑。有關臺灣語做概論性的分析者，有許極燉於 1992 年著作的《台灣語概論》與林慶勳於 2001 年著作的《台灣閩南語概論》。有關臺灣語音韻方面，洪惟仁於 1985 年著作《臺灣河佬話語聲調研究》，將臺灣語的聲調進行專門研究。王育德於 1987 年著作《台湾語音の歴史的研究》，對臺灣語音的歷史進行研究。鄭良偉則於 1991 年著作《臺灣福建話的語音結構及標音法》，將臺灣語的標音法做一介紹。有關語法方面，楊秀芳於 1994 年所作的《台灣閩南語語法稿》，對臺灣語的語法透過音韻、詞彙、語法做了全盤性的分析。湯廷池則於 1999 年所作的《閩南語語法研究試論》中，針對幾個臺灣語語法做專題式的介紹。有關詞彙方面，盧廣誠於 1999 年著作《台灣閩南語詞彙研究》，進行詞彙的專門性研究。其他有關臺灣語專題性的論著有：發表於靜宜大學台灣語文學會於 2004 年 5 月所辦的《第一屆台灣語文研究及教學國際學術研討會》論文集中的有：蕭宇超的〈輕聲與音節連併〉；于嗣宜的〈閩南語數字成語──概念結構解析與數字的意義〉；廖淑鳳〈台灣生動重疊詞的特別語型現象〉。發表於黃宣範於 1998 年 8 月所編的《第二屆台灣語言國際研討會論文選集》中的有洪惟仁的〈閩南語輕聲及其語法、語用分析〉；張淑敏的〈為閩南語動詞試定界說〉；張學謙的〈台語虛詞的語層及語用〉；連金發的〈台灣閩南語詞綴『仔』的研究〉。發表於董忠司於 1997 年 6 月主編《台灣語言發展學術研討會論文集》中的有：樋口靖的〈日治時代台語漢字用法〉；湯廷池〈閩南語的是非問句與正反問句〉；游子宜〈臺灣閩南語音隨義主初探〉　。發表於國立台灣師範大學國文學系主辦《第一屆台灣語言國際研討會論文集》中的有：董昭輝〈從閩南語人稱代詞之調型談起〉等。

　　除此之外，有關臺灣語及日本語之間的關聯性做研究的論著也為數不少，大多集中在日本語文學系、臺灣語文學系、語言學系的研究領域。其中有探討臺灣語和日本語在漢字讀音上的相關性，並尋求內部對應法則的論文，例如紀麗惠於 1985 年在東吳大學日本研究所碩士論文發表的《閩南語和日本漢音對應規律的研究》；也有針對臺南地區現在依然使用的臺灣話中，透

過田野調查的方式來進行研究，探討臺灣語向日本語借用情形的論文，例如陳麗君於 2000 年在《台灣語言與語文教育》第 2 期所發表的〈台灣日語借用語之意義與使用的考察〉一文，這篇文章是源自於陳麗君於 1999 年在日本新瀉大學人文科學研究科修士論文所發表的《口語台湾語における日本語からの借用語の研究－社会言語學の視点から》，從社會語言學的觀點來探討借用語的問題；有關臺灣語向日本語所借用的「外來詞」或「借用詞」的研究相當多，例如姚榮松於 1992 年在《師大學報》第 37 期所發表的〈台灣現行外來語的問題〉一文，將臺灣語向外國語言借用的情形做一概括的論述，其中也包含了日本語的成分；又如吳致君於 1995 年在國立高雄師範大學國文學系碩士論文發表的《漢語借詞之研究》；王國齡於 2003 年在東吳大學日本語文學系碩士論文發表的《台灣の中國語における日本からの新しい借用語の研究—日本流行文化の影響による新しい借用語を中心に—》，這篇論文在前人研究的基礎上，進一步探討日本當代的流行文化對臺灣語言所造成的影響；這類的論文一直到最近幾年仍然受到許多學者的注目，繼續朝這個借用語的方向進行研究，例如杉谷實穗於 2004 年在東吳大學日本語文學系碩士論文發表的《台灣語のシラブルと日本語からの借用語》〔註 8〕、林思怡於 2005 年在東吳大學日本語文學系碩士論文發表的《日台外來語についての一考察—變貌と受容を中心に—》；另外還有透過這個主題進一步探討臺灣當地的閩南語教育政策的論文，例如賴巽匯於 2005 年在東吳大學日本語文學系碩士論文發表的《從台灣地區使用的日語借詞看「台語」的發展歷程—檢討台灣的台灣閩南語教育政策—》；還有杜珮宜於 2006 年在台北市立教育大學應用語言文學研究所碩士論文發表的《台灣當代漢語外來詞研究》；徐汶宗於 2006 年在銘傳大學應用日語學系碩士論文發表的《台灣における日系借形語の一考察》；由於現代資訊網路發達，成為民眾生活的一部分，也間接地影響語言的使用與變化，因此就出現了透過網路語言的閩南語及日語借詞，來探討語音優先原則的議題，例如盧昆郁於 2007 年在輔仁大學語言學研究所碩士論文發表的《台灣國語中網路語言的閩南語及日語借詞：語音優先原則應用在漢字上的限制》；日本研究生山口要於 2007 年在國立中山大學中國文學系研究所碩士論文也同樣發表了《台灣閩南語的日語借詞研究》……等。由此可見，

〔註 8〕　《台灣語のシラブルと日本語からの借用語》，所謂「シラブル」是日語外來語，源自於英語「syllable」，表「音節」的意思。

臺灣語與日本語之間的關聯性十分密切,是歷來學者們所集中注目的焦點,成為一個不容忽視的研究議題。

　　臺灣經歷了長達五十一年的日治時代,因此臺灣語及日本語有了極其密切的交流,兩種不同的文化也有某種程度的融合,透過語言的相互滲透與影響,臺灣語詞彙自然而然地增加了日本語的詞彙,這就是所謂的「借用詞」,這不僅是一種語言現象,也是一種文化現象。然而,歷來學者對「外來詞」與「借用詞」的定義眾說紛紜,各自有不同的主張與說法,有些認為「外來詞」等同於「借用詞」,也有些認為「借用詞」包含於「外來詞」的範疇中,是屬於「外來詞」的一個種類。漢語學術界會產生這種不同的說法是由於每個學者對「外來詞」本身的認知不同,一般而言,可分為廣義與狹義兩種主張,廣義的外來詞大致可以包括「義譯詞」、「借形詞」、「音譯詞」三種。例如姚榮松在《師大學報》第 37 期〈台灣現行外來語的問題〉一文中提出,所謂外來語應指取自另一種語言的借詞,或者通過翻譯一個概念或模仿一個概念,所取自另一種語言的外來成分,這一類的定義範圍比較廣泛,認為外來詞包含了「義譯詞」、「借形詞」、「音譯詞」三種。其中的「義譯詞」包括直接翻譯原詞的意義來表示外來的概念,而「借形詞」則主要是指自日本語所借用的漢字詞,「音譯詞」則是把原詞的語音形式經過漢字化而保留下來。而狹義的外來詞則只承認「音譯詞」才是外來詞,也就是只注重語音方面的模仿,例如高名凱在《現代中國語外來語研究》一書中主張只有音譯的成分才是外來詞,也就是說把外來語中具有非本語言所有意義的詞連音帶義搬到本語言裡來,這種詞才是外來詞。

　　筆者曾在國民小學擔任臺灣語教學的職務,對於這些相關的臺灣語研究論著也大略閱讀進修過,發現這是一塊值得研究的領域,但是本篇論文為了開拓更寬廣的研究空間,經過廣泛搜尋,終於在國家圖書館臺灣分館的六樓發現一大批日治時代所留存下來的有關臺灣語研究的文獻,可說是研究日治時代學術文化的一大瑰寶。雖然有一部分已整理為數位檔案,可以分享給各方有志於此的學者做研究,但是至今針對這些日治時代的文獻進行研究的論著極其罕見,再加上由於財力與人力的不足,目前還有一大部分的文獻資料尚未整理,只是束之高閣而日漸荒廢,很多文獻典籍由於歷時長久,以至於蟲蛀或風化而腐壞,甚為可惜!因此筆者便選定日治時代所編製的臺灣語教科書進行研究,以了解日治時代的日本人學習臺灣語的困境。

　　總而言之，研究臺灣人學習日本語的困境之論著，在日本語文學系的領域中，多有學者已經進行這方面的研究，相反地，研究日本人學習臺灣語的困境之論著則付諸缺如。由此可見，只能對於周邊的相關論題做大略的說明，諸如前文所述臺灣語及日本語之間的關聯性研究、臺灣語語言的研究、臺灣語教育的研究⋯⋯等，因此本論文是屬於一種全新的嘗試，期待未來能有更多相關的研究論著出現。

第二章　臺灣日治時代的教育狀況

　　所謂「臺灣日治時代」指的是明治 28 年（1895）中日甲午戰爭中國戰敗，簽訂馬關條約，將臺灣割讓給日本開始，一直到昭和 20 年（1945）臺灣光復為止的時期。當時臺灣的種種文化現象，無論是社會禮儀、生活習慣、教育體制或教育方針都有一些不同於以往與現代的現象，而這些現象除了在日治時期的歷史文獻中可以找到陳跡之外，還有一些至今還健在的耆老們也可以提供我們一些日常真實層面的訊息，而這些訊息是否與歷史文獻吻合？理論與事實究竟存在著多少差異？這應該是一個值得研究的議題。

　　有關「臺灣日治時代的教育狀況」，本文的研究範圍鎖定在日治時期的大正 11 年至昭和 20 年臺灣光復之間（1922～1945）做一考察。所謂「考察」是指本章的研究方法，採用社會學的「訪談法」，至於訪談的對象，在日本人學習臺灣語的現象方面，原本應該針對日治時代在臺灣居住的日本人進行訪談，然而，過去那些日本人隨著日本戰敗而臺灣光復之後，大多返回日本，或是已經去世，因此想要找到訪談的對象，十分地困難。雖然在訪談方面，暫時無法找到當年日治時代在臺灣居住的日本人進行訪談，但是可以從日治時代留傳至今的文獻資料得到一些概念。

　　例如從明治 30 年（1898）侯野和吉編著的《軍人用臺灣語》中，可以看出當時日本軍人學習與使用臺灣語的狀況；明治 34 年（1901）臺灣總督府民政部學務課編訂的《訂正臺灣十五音字母詳解》，可以看出當時日本政府在臺灣語方面的用心，以及教材編制的狀況；大正 1 年（1912）川合真永編著的《通信教授臺灣語講義錄》，可以了解當時日本人已經透過通信來學習臺灣語的狀況；大正 11 年（1922）范亞丕所編著的《臺灣語捷徑》，可以

看出當時日本人急迫想要學習臺灣語的狀況，因此才會有「捷徑」的教材出現；大正 12 年（1923）編訂的《專賣局臺灣語典》，可以了解當時日本政府對臺灣語的重視；大正 15 年（1926）、昭和 2 年（1927）、昭和 4 年（1929）、昭和 11 年（1936）臺灣受驗準備研究會編訂的《臺灣各中等學校入學試驗問題集》中的「臺灣語科」，可以了解當時日本人在學校教育方面，並沒有因為提倡日語而放棄臺灣語的教育；昭和 2 年（1927）《臺灣總督府小公學校教員檢定試驗文題集》的「臺灣語科」部分，可以看出當時無論是日本人或是臺灣人，想要進入小公學校擔任教員的話，臺灣語是必考的科目；昭和 4 年（1930）熊谷良正編著的《臺灣語之研究》，可以了解當時日本人對臺灣語研究的用心；昭和 6 年（1931）岡田正之所編著的《新制漢文讀本》，可以了解當時日本人編制漢語文教材的狀況；昭和 8 年（1933）今田祝藏編著的《刑務所用台灣語集》，可以了解當時日本刑事學習與使用臺灣語的狀況；昭和 9 年（1934）陳輝龍編著的《臺灣語法》，可以了解當時日本人學習臺灣語法的狀況；昭和 10 年（1935）小野西洲編著的《警察官對民眾台語訓話要範》，可以了解當時日本警察學習臺灣語的狀況；昭和 11 年（1936）語言研究會編訂的《漢字起源の研究》可以了解當時日本人研究漢字的情形……等，這些文獻應當可以彌補暫時找不到日本人訪談的缺憾。

　　筆者在未來研究的過程中，還會繼續尋找日治時代居住在臺灣的日本人，但是目前只能針對 1922—1930 之間，受過日本學校正規教育的耆老們進行訪談，將當時的生活狀況與社會狀況做一概略的分析，並將訪談所得的訊息與日治時期留下的文獻資料做一比照，考察其間的相同點與相異處，做為當時社會狀況研究的參考，希望有助於未來相關的探討。有關當時的教育狀況考察，本文研究的範圍包括了臺灣語學習狀況、學校設置與考試狀況、日本小學校狀況、臺灣女子教育等幾項進行分析。

第一節　臺灣語學習狀況

　　日治時代初期日本人為了與臺灣本島人溝通，剛開始自日本隨行渡海來臺的有中國語文與英國語文的翻譯者，然而，來臺實際進行溝通之後才發現，臺灣本島人由於教育程度普遍較低，既不會說中國語也很少有人會說英國語，因此在進行溝通時產生了極大的障礙。日本人有鑑於此，開始積極地學

習並研究臺灣語，還出版了許多有關學習臺灣語言的教科書、辭典之類的書籍，本文擬從與臺灣人民關係最密切的「學校體系」與「警察體系」這兩方面來進行研究，將現存的歷史文獻記錄與現實生活者的描述做一比照考察。

一、學校體系

　　明治 28 年（1895 年）二月日本教育家伊澤修二在廣島的大本營中等待一個重大的時機，這個時機就是和臺灣的第一代總督樺山伯見面，伊澤修二想要談談未來日本政府在臺灣這塊新的領土上，所要推行的教育方針與制度，當時伊澤修二剛完成了「日清字音鑑」的著述，而這本書應用了視話法的原理，分析中國語言的發音法，對於想要學習中國語言的學者提供了很大的方便。伊澤修二將這本書呈給樺山伯看，說明這本書也可以用來當做教育的參考，並且將他對新領土國民的教育理念做一獻策，樺山伯聽了之後非常歡喜，便向教育當局推薦實行伊澤修二的意見，自此以後，伊澤修二便決心要在臺灣這塊新領土上開拓他理想中的教育事業。當時伊澤修二是日本教育界的大人物，而在領臺之際，又成為臺灣本島教育的創始者，建設起臺灣一連串的教育制度。當時伊澤修二所持有的有關學制意見，最重要的莫過於「急要事業」與「永久事業」兩項計畫。明治 28 年（1895）5 月 16 日公布臺灣總督府臨時條例，在民政局當中設置學務部，身為部長的伊澤修二關於臺灣的學制，提出第一要緊事業是教員與新領土官吏養成以及教導本島人國語理解的養成。其中的培訓科目大多包含臺灣語的課程，茲將「第一要緊事業」〔註1〕的詳細內容羅列如下：

　　總督府講習員　第一回募集
　　目的：國語傳習所師範學校等教員，訓練能直接和臺灣人溝通的官
　　衙吏員
　　1、甲種（教員）五十名
　　學科：土語（臺灣語）、國語教授法、土人教育方案、體操、唱歌等。
　　修業年限：大約四個月。
　　畢業資格：國語傳習所、師範學校的教諭、助教諭、訓導。
　　2、乙種（官吏）二十五名

〔註 1〕　吉野秀公《台灣教育史》第一編「臺灣教育の發端」，台北，南天書局有限公司，1927 年 10 月初版，頁 11～12。（筆者譯）

　　　學科：土語（臺灣語）、支那尺牘及公牘、體操等。

　　　修業年限：大約四個月。

　　　畢業資格：行政各部各官衙等的吏員。

由上述「第一要緊事業」可以看出當時所募集的教員和官吏，都必須修「臺灣語」的課程，接著羅列「永久事業」（註2）的詳細內容如下：：

總督府國語學校

1、師範部

目的：為了訓練國語傳習所、師範學校的教員，以及小學校長的養成

學科：修身、教育、國語、漢文、土語、地理、歷史、數學、簿記、理科、唱歌、體操

修業年限：二年

畢業資格：國語傳習所、師範學校等的教諭、助教教諭，以及小學校長

2、語學部之土語學科

目的：為了教導內地青年（日本人）學生學習台語，以便將來能在台灣擔任公私的業務

學科：修身、讀書、土語、作文、習字、算術、簿記、理科、唱歌、體操

修業年限：三年

畢業資格：通譯者、吏員、從事實業、公私業的業務

由以上學務部部長伊澤修二所提出的臺灣最要緊與永久事業看來，當時為了訓練國語傳習所以及師範學校的教員，開設了許多科目以供學習，其中的科目包含有土語（臺灣語）；而直接和台灣人接觸的官員，也有短期的訓練課程，學科也包含有土語（臺灣語）。另外，總督府國語學校「師範部」為了訓練國語傳習所、師範學校的教員，以及小學校長的養成，其培訓學科也包含土語（臺灣語）；「語學部土語學科」培訓目的是為了教導內地青年（日本人）學生學習臺語，以便將來能在臺灣擔任公私的業務，學科也包含有土語（臺灣語），由此可見當時「臺灣語」的培訓是很重要的一環，而在社會上所通行的

〔註2〕 吉野秀公《台灣教育史》第一編「臺灣教育の發端」，頁12～13；97～98。（筆者譯）

語言也是以臺灣語和日本語為主。由此可以看出當時日本人對臺灣語的重視，以及積極學習的態度，唯有將臺灣語學好，才能與臺灣人民做良好的溝通，向臺灣人教育日本所有的文化，最後才能達到真正的同化與統治的功效。

　　依據李園會的研究，明治 29 年（1896）至昭和 18 年（1943）之間，師範學校的臺灣語授課時數，有逐漸下降的趨勢，現在將「師範部每週授課時數」〔註3〕羅列於下：

表 2-1-1：明治 29 年（1896）國語學校師範部每週授課時數表

教科目 ＼ 學　年	第一學年	第二學年
修身	2	2
教育	5	5
国語	3	3
漢文	2	2
土語	10	10
地理歷史	2	2
數學簿記	3	3
理科	2	2
唱歌	2	2
体操	3	3
共計	34	34

表 2-1-2：昭和 18 年（1943）師範學校本科每週授課時數表

教科目 ＼ 學　年	第一學年	第二學年
修身公民哲學	2	2
教育	2	2
国語漢文	5	3
台灣語	1	1
心理衛生	3	2

〔註 3〕　李園會《日據時期臺灣教育史》，臺北，編譯館，2005 年。

地理歷史	3	2
數學	2	2
物象生物	5	3
音樂	2	2
体操	4	4
共計	34	34

　　將表1與表2做一對照，明治29年（1896）國語學校師範部每週「土語」的授課時數爲十節，到了昭和18年（1943）師範學校本科每週「台灣語」的授課時數爲一節，從十節變成了一節，由此可見在十一年之間的教育方針有了變化，經過一段國語（日本語）教育的薰陶，臺灣人逐漸能以日本語做爲日常生活的交談手段，因此日本人學習臺灣語也就不再像始政時期那麼樣的迫切了。誠如張良澤所說：「自明治29年（1896）4月創設國語學校師範部，把台灣語列入必修課程之後，一直到日本投降爲止的五十年間，在臺灣的師範教育體系中，台語的教學研究未曾中斷，只是比重漸漸減輕而已。」〔註4〕由此可以印證本文所參考的兩本教科書，分別於昭和10年（1935）出版的師範學校《新選臺灣語教科書》，以及昭和19年（1945）出版的臺灣總督府警察官及司獄官練習所《臺灣語教科書》，雖然當時已接近日本投降與臺灣光復時期，但是日本人依然繼續從事臺灣語的研究與教學工作。

　　日本政府爲了實施以上所述的緊要與永久的計劃，伊澤修二於明治28年（1895年）6月26日將學務部移至士林北邊的芝山岩開漳聖王廟（惠濟宮），爲了方便與台灣人民溝通以及教育上的需要，積極進行臺灣語言的研究，編制了《台湾十五音及字母表同詳解》，並編集會話書，集合臺灣人子弟開始進行日本語的教導，這便是臺灣日本語教育的濫觴。接著又於明治28年（1895年）7月26日開設「芝山岩學堂」，開始對臺灣人傳習日本語，而這「芝山岩學堂」也可以說是「國語學校」的前身。但是依據蔡茂豐的考察研究，當時伊澤修二並未打出「國語教育」〔註5〕的標語，而只是爲了教育臺灣人民了解日本文化，讓臺灣人民成爲日本國民，因而施行「日本語教育」，至於有志願

〔註4〕　張良澤〈日治時代台語正規教育始末〉，載自董忠司主編《台灣語言發展學術研討會論文集》，頁523～534，1997年6月。

〔註5〕　蔡茂豐《台灣日本語教育の史的研究（上）》第一章「領台時代日本語教育の史的考察」第一節「日本語教育の濫觴」頁.12，台北，大新書局，2003年6月29日出版發行。（筆者譯）

想要成爲官吏的人，才會進行「國語教育」。如果伊澤修二決意將日本語言定爲「國語教育」而強制執行的話，那麼他就沒有必要進行臺灣語言的研究，更不需要讓教員和官吏學習臺灣語言了。伊澤修二在芝山岩所推行的日本語教育，只能說是一種小規模的實驗而已，還有，站在日本學務部的立場，剛開始治理臺灣之初，最大的困擾就是語言不通這件事，因此當時首要的工作是對臺灣人施行日本語的教育，而對日本人進行臺灣語的教育，並積極培養教員以便在臺灣進行教育工作。依據《台湾教育沿革誌》所記載：

> 針對本島（臺灣）新領土的建設與管理，最主要是傳播本國（日本）的語言與文化種子，這是當下彼此交流最要緊的事務。因此伊澤修二在上任之初，深知對於臺灣人民的撫順與日本國語的教育是刻不容緩之事，便於本年六月（明治 28 年 6 月 26 日），於距離本府北方二里多的八芝蘭芝山岩設置學務部，首先從事土語（臺灣語）的研究，並編輯日常必要的普通用語、軍隊用語、商業用語、教育用語等各單字語篇會話書。接著集合地方仕紳的子弟，開始傳授日本語。由於師生們的熱心與努力，如今已能使用日常會話，第一屆的畢業生共有六名，將於十月十七日舉行頒發畢業證書的儀式。〔註6〕

由上述可見當時第一次在士林芝山岩所舉辦的日本語研習班只有三個月的短期訓練，而伊澤修二眞正想要實現的是將日語教育普及於全臺，開始著手準備開設日本語學校以及日本語傳習所，不僅訓練臺灣當地的教員，還特地回日本招募教員，他趁著護送北白川宮能久親王的靈柩回到日本東京之時，招募了 13 名的部員與 45 名的講習員。伊澤修二前後一共舉辦了七次的教員講習會，不僅開創了初期日本語教育的實施，而且他所鼓吹的「芝山岩精神」，對於臺灣初等教育有著很大的影響。

　　日本政府爲了研究臺灣語言，將臺灣語言的教授融入學校教育課程之中，透過各種單元的學習，來熟悉臺灣的語言與文化內涵，例如臺北第二師範學校所研讀的「臺灣語爲不詳教科書」〔註7〕，其內容包括介紹臺灣語與福建人的關係與淵源、臺灣島內的方言介紹、臺灣語的發音法、人倫關係的稱謂、代名詞、名詞、數詞、貨幣單位、穀類和蔬菜、語法練習、翻譯練習、閱讀、寫信……等，讓師範學校的學生練習臺灣語。

〔註6〕　臺灣教育會《台湾教育沿革誌》台北，南天書局，1995 年，頁 17。（筆者譯）
〔註7〕　張耀堂《新選臺灣語教科書》，臺北，村崎長昶發行，昭和 10 年 10 月 10 日。

　　至於日本內地人所接受的教育中，有關「臺灣語」課程在領臺初期也十分受到重視，依據《臺灣教育史》的記載，當時內地人的中等教育分為「國語學校語學部土語科」以及「土語專修科」，所謂「土語」指的就是「臺灣語」。「國語學校語學部土語科」是針對年齡十五歲以上二十五歲以下的日本內地人，擁有高等小學校畢業以上的學力，所進行的臺灣語教授，這些接受臺灣語傳授的日本人，將來可以從事有關公私的各種業務，基於此種需要而開設的教育課程。修業年限是三年，修業科目包括修身、土語（臺灣語）、讀書、作文、習字、算術、簿記、地理、歷史、唱歌、體操等，以培養應急的實務工作者為目的而設立的教育制度。茲將國語學校創設之後的入學比例羅列於下：

表 2-1-3：國語學校語學部土語科入學情形〔註 8〕

年　次	入　學	卒　業	生徒數
明治三十年	35		
明治三十一年	17		
明治三十二年	19		64
明治三十三年	13	29	44
明治三十四年		12	24

　　以上所述國語學校語學部土語科的教育體系，從明治 30 年（1897 年）開辦，還有一些學生願意就讀，但是在學生人數逐漸減少的情形之下，到了明治 35 年（1902 年）的時候，這個體系就被廢止了。

　　另外，有關「土語專修科」的部分，總督府於明治 31 年（1898 年）七月十四日頒布府令第五十二號，依據這個府令設立了土語專修科的規則，並於國語學校中附置土語專修科。其設置目的大約與前述的語學部土語科相同，就學年齡在十六歲以上二十五歲以下，入學試驗合格者可以入學，修習科目是土語、漢文，修業年限兩年以內，明治 31 年（1898 年）九月二十日共收了三名學生，但是到了明治 35 年（1902 年）就廢止了。

〔註 8〕吉野秀公《台灣教育史》，頁 212～213。

表 2-1-4：土語專修科入學情形〔註9〕

年　次	入　學	卒　業	生徒數
明治三十一年	3		3
明治三十二年	1		3
明治三十三年	12	3	

　　以上所述臺語的普及，是日治時期初期的社會現象，依據蔡茂豐的考察研究〔註10〕，將臺灣的日本語教育分為四期：日本語教育的摸索時代（1895～1919）、日本語教育的確立時代（1919～1922）、日本語教育的內臺共學時代（1922～1943）、日本語教育的義務教育時代（1943～1945）。若依此分期來看，伊澤修二所進行的臺灣語研究，以及他所推行的日本語教育，都是在初領台時所進行的摸索時期，當時由於臺灣人不懂日本語，而日本人不會台灣語，因此才會產生兩種語言同時學習的教育狀況，這種情形一直持續到1919年才進入日本語教育的確立時代。也就是說，自從1922年開始，台灣人幾乎已是被同化了，只要受過日本教育的臺灣人都能完全使用日本語來進行日常交談，因此日本人漸漸地不再需要積極學習臺灣語。

　　總而言之，臺灣日治時代初期，日本人為了統治與管理的方便，也為了與臺灣人進行更深入的溝通，因此在教育體系上積極地進行臺灣語的研究、教材的編纂、課程的傳授等事項，無論是公務體系的培訓課程、官吏的招募考試、師範體系的課程教授、警察體系的培訓課程等，在在顯示出日本政府領臺初期對臺灣語的重視。然而，這種現象隨著臺灣人漸漸受到同化之後而有所改變，臺灣人無論是在接受日本教育之後，或是在日常生活中與日本人接觸所受到的語言與文化的同化，都逐漸形成一種日本文化的傾向，久而久之造成一種社會文化現象。因此筆者訪談的對象，幾乎就是這種文化現象之下的代言人，象徵著臺灣人逐漸熟悉而接受日本語言與文化，而日本人則自然地不需要學習臺灣的語言與文化，也能自如地和臺灣人進行溝通而沒有障礙。但由於長時期以來，臺灣一直是環繞在臺灣語和日本語雙語之間的語言環境之中，因此臺灣語和日本語之間形成了一種親密的、無法分割的關聯性。兩種不同系統的語言相互影響著彼此的語言發展，產生了許多的借用詞而至

〔註9〕　吉野秀公《台灣教育史》，頁212～213。
〔註10〕　蔡茂豐《台灣日本語教育の史的研究（上）》第一章「領台時代日本語教育の史的考察」，頁1～59。

今仍被臺灣人所使用，若能了解這兩種語言之間的關聯性，對現今的對日華語教學策略與教學方法，應該是有很大的參考價值。

二、警察體系

　　有關日治時代臺灣語的普及現象，除了在師範學校的研讀之外，也可在警察體系中看出當時的用心與努力，日本人在領臺之初，學務部長伊澤修二積極提倡臺灣語的研究與學習，甚至還出版了許多有關臺灣語的教科書與刊物，讓日本的教員、警察、公務員來學習臺灣語。這種臺灣語的教科書與刊物一直到昭和年間還繼續出版，筆者在國家圖書館臺灣分館（過去的總督府圖書館）發現為數很多的這類出版品，以比例來講，最多的有兩大類，一類是警察學習與受訓的台灣語教科書，另一類是師範學校所使用的臺灣語教科書，這表示在昭和時期，日本人還是滿重視臺灣語的研究，而且還有日本人繼續學習臺灣語的情形。但筆者在訪談這些長者之後發現，在他（她）們的記憶中，身旁所見的日本人，無論是老師或警察，幾乎都不會說台灣語，也不知道日本人有學習臺灣語的情形，更不知道有這些教科書的存在，因為當時的臺灣人民已被同化，大家在日常生活中都是使用日本語來交談，日本人根本不需要再學習臺灣語。但是受訪者林瑞成耆老針對這一點提及他的經驗：

> 當時在我們所居住的這個豐原管區的日本警察只有兩個，他們兩個人都很會講台灣話，不知道他們是怎麼學的，還有學校的老師也會講幾句簡單的台灣話，在家庭訪問的時候，老師和家中的長輩聊天時會講一些台灣話，但不是很流利。〔註11〕

林瑞成耆老是在民國十年出生，是所有受訪者當中年齡最高的一位，而他所提及的日本警察也是比較年長的，由此可見，年齡愈大的日本人及日本警察，或是愈接近日本殖民地初期，由於台灣人民尚未十分熟悉日本的語言，因此愈需要學習臺灣語來和臺灣人進行溝通。

　　警察的職務必須面對臺灣群眾，處理日常生活事務，因此臺灣語的訓練有其必要性與急迫性，這可從警察體系的「臺灣語教科書」〔註12〕中找到印證，例如臺灣總督府警察官及司獄官練習所編纂的「臺灣語教科書」，首先將臺灣語的發音分為常音、出氣音、鼻音、促音等做說明練習，其拼音符號則

〔註11〕 受訪者：林瑞成（參考註13），引自「訪談記錄稿」頁46～47。
〔註12〕 《臺灣語教科書》，臺北，臺灣總督府警察官及司司獄官練習所，昭和十九年九月二十日發行。

以日本舊五十音來記錄以方便日本人研讀；臺灣語的七個聲調則另外設計特殊記號來來標示；臺灣語的轉調則分為普通轉調與特殊轉調；臺灣語法則分為肯定句與否定句；基本會話則依據警察職務的需要，分為打招呼用語、訪問、職業、身家調查、座談、戶口普查、巡邏用語、清潔檢查、飲食店臨檢、健康檢查、出生申請、結婚申請、寄住申請、搬遷申請、死亡證明、遺失申報、竊盜申報、警衛用語、嫌疑犯羈押等，讓日本警察可以學習到實際生活的臺灣用語，以便在面對臺灣人執行公務的時候，可以順利溝通的能力。

　　然而，學習臺灣語的過程自開始練習到可以流利地使用，必須經歷一段相當長的時間以及十分艱辛的歷程，為了讓日本警察在執行公務的時候，可以立即使用臺灣語言，而且更有自信地說出道地的臺灣語，特定請專家編寫了與警察公務相關的各種演講稿，或是面對臺灣民眾的訓話稿，並將這些演講稿與訓話稿編輯成冊，讓這些臺灣語不是很流利的日本警察也能依樣畫葫蘆地說出臺灣語。例如小野西洲編纂的「警察官對民眾臺語訓話要範」[註13]，有關警察的職務說明部分包括有司法警察、行政警察、安寧秩序的維持、生命財產的保護、打破錯誤的觀念等；有關飲食店營業者的部分包括有飲食店營業與社會的關係、飲食店營業的臨檢、飲食店與私娼的關係、飲食店與賭博的關係、未成年者與咖啡的關係、內外清潔與小心火燭、飲食器具的注意、飲食店與犯罪防止等；有關交通規則的部分包括有交通警察的意義、交通道德的尊重、左側通行的倡導、遵循交通警察的指揮、交通速度的保持等；有關一般衛生的部分包括有マラリヤ（瘧疾）的預防、傳染病的預防、病菌媒介的杜絕與免疫等；有關保甲的訓話部分包括有遺失物的拾獲、違警處理、投宿他地的申請、對於兒童的注意、關於兒童的嬉戲、偷竊現場的保持、指紋的重要性、火災的預防、道路的修繕、輕鐵經營者的注意等；對於理髮營業者的訓話包括有理髮營業的公共衛生、理髮師稱謂的由來與意義等；由於當時已有中國共產黨進入臺灣，又有一些反對日本的激烈思想存在，因此就產生了一些取締思想的「高級警察」，有關思想取締的部分包括有在法律範圍內的言論自由、加強取締過度激烈的思想、打破純美思想鼓吹的難關等；還有一些關於吸食阿片的問題、修養訓話等雜項。有關警察學習臺灣語言的詳細內容與問題，將於第

〔註13〕　小野西洲《警察官對民眾臺語訓話要範》，臺北，小野真盛發行，昭和十年十月八日。

四章做進一步的研究。

第二節　學校設置與考試狀況

一、學校設置狀況

　　日本統治臺灣期間，在經濟方面，是以日本的經濟立場來建設一個資本主義化的臺灣，而在教育方面，則是不同於以往清朝政府的「書房」式的教育模式，當時日本的教育體系是以日本語教授為主要方針來打造出一個近代教育化的教育模式。因此，隨著日本統治的時間移轉，清朝政府所設置的「書房」也逐漸走向衰落之路，繼之而起的是現代化的各種學校，並且朝著義務式的全民教育方向進行。茲依據「臺灣教育會」〔註14〕所統計的資料，將日治時代歷年來的「書房」衰落情形羅列表格如下：

表 2-2-1：書房的衰落狀況

年　度	書房數	教師數	男學生	女學生	學生合計
1907	873	866	18236	376	18612
1908	630	647	14491	291	14782
1909	655	669	16701	400	17101
1910	567	576	15374	437	15811
1911	548	560	13310	449	15759
1912	541	555	15747	555	16302
1913	576	589	16729	555	17284
1914	638	648	18696	561	19257
1915	599	609	17433	567	18000
1916	584	660	18562	758	19320
1917	533	593	16839	802	17641
1918	385	452	12725	589	13314
1919	302	350	10347	589	10936
1920	225	252	7167	472	7639
1921	197	221	6490	472	6962
1922	94	118	3229	425	3664

〔註14〕　《台湾教育沿革誌》，頁 985～986。

1923	122	175	4676	607	5283
1924	126	180	4540	625	5165
1925	129	190	4491	646	5137
1930	164	236	5179	789	5968
1933	129	185	3706	788	4495
1937	33	62	?	?	1808
1940	17	38	676	320	996

　　由以上臺灣教育會所統計的資料顯示，清朝所設置的書房，其總數量在歷年之中，雖然有增有減，但是從 1925 以後就一蹶不振，此時正逢進入昭和時代，臺灣的現代化教育制度已臻完備的確立階段，因此舊式的書房體系也就隨著時代的腳步而沒落，隨著公學校的建設數量的增多，書房的數量就隨之而逐漸減少。茲將書房和公學校的消長情形羅列於下：

表 2-2-2：書房和公學校的消長狀況

年　　次	書房數	生徒數	公學校數	生徒數
1899	1，421	25，215	96	9，817
1902	1，623	29，742	139	18，845
1903	1，635	25，710	146	21，403
1904	1，080	21，661	153	23，178
1926	128	5，275	539	216，011

　　明治 37 年（1904 年）3 月總督府頒布了「府令第二十四號」〔註15〕的臺灣公學校規則，在這個規則當中「漢文」科目被列爲隨意科目，茲將公學校規則中的第一章總則羅列於下：

　　第一條　公學校是針對本島人兒童傳授國語科目，其本旨在於施以
　　　　　　品德教育，培養國民性格養成以及生活必須的普通知識技
　　　　　　能。

　　第二條　公學校生徒年齡滿七歲以上滿十六歲以下。

　　第三條　公學校修業年限六年，教學科目有修身、國語、漢文、體
　　　　　　操，女子爲裁縫，依各地的狀況而定，可加以唱歌、手工、
　　　　　　農業、商業等科目，或是加上「漢文」科目做爲隨意科目。

〔註15〕 吉野秀公《台灣教育史》，頁 194。（筆者譯）

由以上的公學校規則可以看出公學校教育的最主要方針是傳授臺灣人日本語，而至於「漢文」科目則是依據各地的習慣開授。而當時臺灣兒童進入公學校就讀，究竟在讀些什麼課程？有關公學校裏所安排的課程，依據「臺灣公學校的規則」〔註16〕如下：

> 修業年限六年的公學校課程科目包括有：修身、國語、算術、日本歷史、地理、理科、圖畫、唱歌、體操、實科（男子爲農業、商業、手工當中選擇一項或兩項選修課程；女子則爲裁縫、家事課程）、隨意科（漢文）。

由上述規則得知，大正11年（1922年）臺灣新教育令頒布後，「日本歷史」成爲公學校中新加入的科目，加強臺灣人對日本歷史的認知；而「漢文」則從原來的正規科目中轉變成隨意科。而十年之後的昭和7年（1932年）更禁止了原來所開設的「漢文書房」，昭和12年（1937年）更廢除了公學校裏的漢文科目，由此變化可得知日本人有心將臺灣人同化爲十足日本皇民的用心。筆者訪談的對象中，在昭和12年（1937年）廢除了公學校裏的漢文科目時，大多已經從公學校畢業了，因此他（她）們當年在就讀公學校時，由於漢文科目還沒有被廢除，所以曾接受過漢文的教育，例如受訪者劉源川耆老說：

> 日本教育依據孔子學說做爲教育的方針，崇尚尊師重道的精神，我在學校曾讀過日本版本的《論語》，當時是用日本語的發音來拼讀中國的漢字，也就是說，文字是漢文，讀音是日本語。〔註17〕

這位受訪者還將收藏已久的日本版《論語》教科書給我看，另一位受訪者盧景村耆老說：

> 我們在公學校中，大概一星期安排一、二節的漢文課程，讀《四書》、《五經》是使用日本語的發音來閱讀中國的漢字。〔註18〕

然而，這種研讀漢文的情形，在昭和12年（1937）之後，就成爲教育史中陳年過往而逐漸被遺忘的歷史了。

　　筆者針對公學校裏所安排的課程進行訪談，得到一位受訪者賴深耆老所

〔註16〕吉野秀公《台灣教育史》，第六編第六章「初等教育」，頁497。（筆者譯）
〔註17〕受訪者：劉源川（參考註12），引自「訪談記錄稿」頁27。
〔註18〕受訪者姓名：盧景村（參考註14），引自「訪談記錄稿」頁49～50。

提供的「公學校通信簿」〔註 19〕，將公學校實際的通信簿裏所登錄的教學科目，就可以和「新教育令」的規則做一比照。所謂「通信簿」就是相當於現在的成績單，通信簿裏面所羅列的課程科目如下：

> 第一學年至第五學年：修身、國語（話方、讀方、綴方、書方）、算術、圖畫、唱歌、體操、漢文、操行
>
> 第六學年：修身、國語（話方、讀方、綴方、書方）、算術、日本歷史、地理、理科、圖畫、唱歌、體操、漢文、操行

若將受訪者的「通信簿」中所羅列的課程科目，與「台灣公学校的規則」中所羅列的課程科目做一比較，則不難發現其共通的科目有：修身、國語、作文（書方）、読書（讀方）、算術、唱歌、體操。至於「臺灣公學校的規則」中沒有，而「通信簿」中多出來的科目則有：第一學年至第五學年的圖畫、漢文、操行；第六學年除了多出圖畫、漢文、操行之外，還有日本歷史、地理、理科。但當時進入公學校的兒童所接受的教育，大致上都符合臺湾公學校的規則。

有關當時公學校教師在進行這些科目的教授過程中，由於受訪者都已進入昭和時代，台灣幾乎是被同化的階段，學生們都能懂日本語，因此無論日籍老師或臺籍老師都能用日本語進行教學。此時已不像日治初期，由於臺灣人民尚不懂日本語，因此必須利用「二語併用法」來進行教學。所謂「二語併用法」，即是利用臺灣人所熟知的臺灣語來對日本語進行翻譯的「對譯法」〔註 20〕。根據受訪者所述，當時無論日籍老師或臺籍老師對學生一定都使用日本語教學或交談，學校也鼓勵大家必須用日本語來交談，但臺灣學生在私底下還是會使用臺灣語來交談，而老師們也都睜一隻眼閉一隻眼，不予以強烈干涉，畢竟臺灣語是自己的母語，是一種在家中習以為常的語言，很自然地在私自交談時會使用。當時臺灣人雖已被同化，幾乎男女老幼都會說日本語，但是除非是「國語之家」，否則一般人在家中還是使用臺灣語。依據受訪者劉源川耆老提到：

> 當時日本政府為了實施國民教育，讓每一位學齡兒童都有受教育的

〔註 19〕　「南屯公學校通信簿」提供者：賴深（參考註 127）。公學校通信簿登錄時間：自昭和 5 年至 10 年（1930～1935）。

〔註 20〕　參考《國語教授參考書》，此書是收集高木平太郎針對初學的學生實地教授的教案，時間是從明治 29 年（1896 年）6 月 2 日至 10 月為止，此書於明治 29 年 11 月 27 日出版發行。

機會，日本老師會經常背著太鼓，在路上邊走邊敲，引起大家的注意，來鼓吹兒童到學校接受教育，尤其爲了要吸引兒童的興趣與好感，還會帶著日本的點心（饅頭：まんじゆう）沿路分給兒童們。〔註21〕

透過受訪者對當時鼓吹教育的描述，可以印證當時的國民教育是採取鼓勵而非強制的手段。受訪者的這番描述恰可與大正 11 年（1922 年）所頒布的新教育令做一比照，印證當時雖然對全臺灣學童實施義務教育，但是並非強制性的手段，而是一種鼓勵性的勸導方式。茲將「第六十五號」新教育令描述如下：

無論是小學校或公學校的兒童，只要是年齡滿六歲以上十四歲以下，都和日本一樣必須進入學校就讀，但對於到達入學年齡兒童的監護人，並沒有強制性地要求他們要負起家中兒童就學的義務。〔註22〕

由此可見當時的義務教育制度，並非強制性的要求兒童的監護人一定要送學齡兒童前往就學，這一點與受訪者所描述的事實恰可做一比照而得到印證。若提及日本語教育的「義務教育時代」〔註23〕，依據蔡茂豐的研究，必須從昭和 18 年（1943）算起，當時由於世界大戰結束，日本於 1945 年投降，日本國內的小學校改稱爲國民學校，臺灣也配合這個政策，同時將日本人的小學校、本島人的公學校、蕃人的公學校改稱爲國民學校。臺灣總督府文教局學務課在《台灣教育》第 489 號〈義務教育特輯〉〔註24〕中闡述義務教育的理由如下：

1、奉明治天皇「一視同仁」的聖旨，遵照皇室寬宏大量的仁慈作風實行

2、以「支那事變」爲契機，培養日本天皇國民的自覺之心，義務教育隨之勃然而興起，施行本制度的機運亦隨之到來。

3、大東亞戰爭是以建設東亞共榮圈爲目的而戰的，但是戰爭的對手卻是一向以富強爲傲的英、美人。因此抗戰期間拖得十分長久，

〔註21〕受訪者：劉源川。（參照註12）引自「訪談記錄稿」頁28。
〔註22〕吉野秀公《台灣教育史》，第六編第六章「初等教育」，頁495。（筆者譯）。
〔註23〕蔡茂豐《台灣日本語教育の史的研究（上）》第一章「領台時代日本語教育の史的考察」第五節「日本語教育の義務教育時代」(1943～1945)，頁48～55。
〔註24〕佐藤源治《台灣教育進展》台北，成文書局，1943 年（昭和 18 年）頁7～19。（筆者譯）

　　　　如今全國人民必須團結一致方能完成大業。爲了完成這個共同的

　　　目的，國民基礎的培訓與養成是必要的工作。

　　4、自從大東亞戰爭爆發以來，南方的樣貌完全改變了，爲了建設新

　　　秩序，臺灣的地位與使命變得格外重要。必須以治理臺灣五十年

　　　來的經驗，運用於治理南方的工作。爲了達成這個目的，首先要

　　　設法提升臺灣島民的資質，特別是現在對於志願兵制度的實施這

　　　一點來說，以後必須繼續努力國民的養成計劃。爲了養成次代國

　　　民的基礎訓練，必須實施國民義務教育制度。

由上述資料得知，從外表看來，日本語義務教育的實施是基於明治天皇「一
視同仁」的德政而制定的，其實，其眞正的目的是基於戰爭的需要，爲了訓
練效忠國家的皇國民，第二次世界大戰期間，日本政府對台灣男丁的徵兵制
便是這一教育制度下的產物。

　　日治時代臺灣的教育和經濟一樣受到殖民統治者的權力所掌控，透過國
家權力來行使教育制度，因此當時日本人是將教育當做國家的事業來經營
的，在此一目標之下，終於在明治 29 年（1896 年）3 月設立了國語傳習所和
國語學校，而於明治 31 年（1898）年更將國語傳習所和國語學校改爲公學校，
對所有的臺灣年輕人進行教育。矢內原忠雄認爲所謂國語傳習所就是對臺灣
的「土人」〔註 25〕所進行的日本語教育，爲了地方行政的準備，而以教育爲
基礎所做的工作，其最主要的目的是對臺灣人施行國語（日本語）的初等教
育。當時國語學校則分爲師範部、國語部、實業部三部門，師範部是爲了培
養內地人及本島人（臺灣人）的公學校教員而設置的；國語部是針對本島人
而設的中等普通教育，傳授臺灣人學習日本語，將來能以日本語爲主要的溝
通語言；實業部是針對臺灣人傳授有關農業、電信、鐵道等中等程度的技術
教育。

　　值得一提的是，日治時代臺灣的教育，隨著公學校的設置，逐漸進入了
全民教育的階段，但是並沒有眞正落實共學的教育體系，因此臺灣人學童所
接受的教育，其系統是和日本人學童分開來的，各自分別成一系統的。例如
日本人專門的學校，像小學校是在明治 31（1898 年）年成立，中學校是在明
治 40 年（1904 年）成立，高等女學校是在明治 43 年（1907 年）成立，這些

〔註 25〕　矢內原忠雄《帝國主義下的臺灣》，1934 年 5 月東京二刷發行，1997 年 12 月
　　　　臺北南天書局有限公司三刷發行，頁 197～209。（筆者譯）

日本人專門的學校和臺灣人專門的國語學校，其地位是分別獨立存在的。臺灣人的中等教育雖然是在國語學校中實施，但是其程度卻比日本人所就讀的中學校來得低。大正 3、4 年（1914～1915 年）期間，由於臺灣人掀起了一股文化運動，因此在臺中設立了私立中學校，爲此總督府於大正 4 年（1915 年）4 月設立了公立臺中中學校來收容臺灣人子弟。雖然如此，但其教育制度與內容還是與原來的國語學校差不多，也就是說，其程度還是比日本人所就讀的中學校來得低。又例如明治 32 年（1899 年）臺灣總督府在專門學校當中，創設了醫學校，專門讓臺灣人子弟前來入學就讀，但其程度還是比日本人所就讀的醫學專門學校來得低。以上所描述的這些不平等的教育情形，一直延續到大正 8 年（1919 年）教育令頒布爲止，都是維持這種現象。總督府於大正 8 年 1 月 4 日頒布了「勅令第一號」〔註26〕臺灣教育令，茲將總則羅列於下：

第一條　在臺灣針對臺灣人的教育依據本令實施之。

第二條　以教育勅語的宗旨爲基本精神從事教育工作，以培養忠良的國民爲目標實施之。

第三條　教育是隨著時代的趨勢以及國民的向度而做適當的調整。

第四條　教育分爲普通教育、實業教育、專門教育及師範教育。

關於大正 8 年（1919 年）所頒布的「勅令第一號」教育令，矢內原忠雄做了一番分析，茲羅列如下〔註27〕：

1、廢除國語學校，設立臺北、台南師範學校。

2、以本島人中等教育機關而言，將公立臺中中學校改稱爲公立臺中高等普通學校，雖然也創設了臺北女子高等普通學校，但和內地人的中學校和高等女學校比起來，修業年限縮短了一年。

3、第一次設立了獨立的實業學校，依內地人與臺灣人而區分其系統。

4、以專門教育而言，將臺灣總督府醫學校改稱爲醫學專門學校，而且成立了農林專門學校及商業專門學校，專門收容本島人。又在第一次爲內地人而設的專門教育機關的醫學專門學校中，設立了醫學專門部，且設立了高等商業學校，授與大約和日本同種的學校一樣程度的教育。對於本島人的專門教育，其年限和程度則比較低。

〔註26〕　吉野秀公《台湾教育史》，頁 377。（筆者譯）

〔註27〕　矢內原忠雄《帝國主義下的臺灣》，頁 197～209。（筆者譯）

由以上資料顯示大正 8 年（1919 年）所頒布的教育令，雖然在形式上做了一些改革，但是換湯不換藥，還是將臺灣人與日本人的教育體系分隔開來，也就是臺灣人和日本人並沒有在同一教育體系之下共學。

一直到了大正 11 年（1922）頒布了臺灣新教育令之後，才在表面上除去了日本人與臺灣人在教育系統上的種種差別之處。例如初等教育的規定，只限定於「小學校」是收容國語常用者，而「公學校」則是收容不常用國語者；而中等程度以上的學校則是採取完全的共學制度。總督府自認為這樣的教育措施是未曾有的革新：

> 關於最早的教育，沒有內地人、本島人、蕃人的差別，將種族的區
> 別完全除去，這實在是本島教育界未曾有的革新。〔註28〕

大正十 11 年（1922 年）期間除了初等教育公學校與小學校的改變之外，高等學校也是在大正 11 年開始的，到了昭和 3 年（1928 年）時，在專門學校中設立有醫學專門學校、高等商業學校、高等農林學校；臺北帝國大學（現今的臺灣大學）也是在昭和 3 年開設的。

值得一提的是，到了昭和 7 年（1932 年）日本政府更禁止了原來所開設的「漢文書房」，昭和 12 年（1937 年）更廢除了公學校裏的漢文科目，這是在領臺初期所意想不到的現象，吉野秀公以一個日本教育者的身分，在昭和 3 年（1928 年）完成《臺灣教育史》這本著作時，還信心十足地強調日本對臺灣的教育政策最成功之處，在於除了教授日本語之外，經過多次的教育令改革之後，從來都沒有捨棄過「漢文」科目的傳授，因此可以保有傳統文化的薰陶，並且完整地保留臺灣當地原有的風俗習慣。吉野秀公說道：

> 我在臺灣從事教育工作期間，公學校的教育令已經頒布了，教育令
> 在大體的方針上並沒有改變，只是做了一些改正，讓教育體制能更
> 加進步，公學校教育令的精神在於傳授智育與德育，而臺灣原有的
> 風俗習慣並沒有加以破壞，就連「漢文」的科目也按照原來的樣子
> 而更加發達，這是一種非比尋常的思考方式。時至今日小學校令和
> 公學校令之間的差異性並沒有產生多大的改變與更動，關於這個教
> 育政策，我個人覺得這是臺灣教育的一大幸福。〔註29〕

〔註28〕《臺灣事情》昭和三年版，頁 124。
〔註29〕 吉野秀公《台湾教育史》，頁 55。（筆者譯）

由以上資料可以看出到昭和 3 年（1928 年）爲止，臺灣公學校中的「漢文」科目是一直持續著的，這也成了日本學者感到欣慰的地方。但是到了昭和 12 年（1937）以後，廢除了公學校裏的漢文科目，這是過去的日本學者所始料未及之處，徹底改變了過去的學習體系。

　　綜觀以上的變遷，日本人於領臺初期在統治上最實用的，除了醫師養成之外，到大正 8 年（1919 年）爲止完全沒有專門的教育機關，實業學校也從缺，對於本島人的中等教育不完備，領臺後二十五年之間的臺灣統治，大部分集中在經濟部分，和經濟建設所投下的資金與心力相比，當初並沒有十分重視教育事業。國語教育和醫學教育，可以說就是當時臺灣全部的教育，這是基於統治臺灣的實用性而建立的，可以將它稱之爲殖民地教育的基礎，但在這教育的基礎中卻忽視了對臺灣的技術教育，因此有關實業學校一直從缺，矢內原忠雄認爲這是因爲當有必要之時，需要有關技術層面的人才之時，往往會由「日本內地」尋求供應，而臺灣教育只要將日本語教育做好，便能達到統治者與在地人溝通的目的，並透過語言的同化，達到日本文化輸入的目標。矢內原忠雄站在日本人的身分自我反省，他認爲日本人在專制的統治中，雖然確立了資本家的企業體系，以及內地人渡來的要求，但對於臺灣教育機關的發達則是延遲了其重要的時間點。他更認爲大正 8 年（1919 年）教育令發布的動機有二，其一是因爲在第一次世界大戰後民族運動的風潮之下，臺灣也受到影響，有必要因應此一本島人的文化要求。其二是在第一次世界大戰中臺灣的資本主義化飛躍地發展，結果隨著臺灣的生產及資本的高度集中，一般普通教育及技術教育的向上發展，是一種經濟層面的要求。還有臺灣的內地人數量增加的結果，因而考慮到高等教育機關設置的必要性。而且本島人和內地人的教育系統不同，教育程度較低，還殘留有內地人的地位較高的制度。到了大正 11 年（1922 年）以後的發展特徵是，內地人和本島人共學，以及高等教育機關的興隆。從外表上看來，似乎是完備的臺灣教育制度已經完成了，但事實上，高等教育較普通教育受到重視，而且內地人獨佔了高等教育機關。以下將大正與昭和時期臺灣人與日本人接受各等級教育的資料，列出表格呈現如下：

表 2-2-3：臺灣人與日本人受教比例〔註30〕

教育類別	大正八年	大正十一年	昭和元年
小學校	內地人 21，157 本島人 213	不詳	內地人 24，721 本島人 1，136
公學校	內地人 5 本島人 169，542	不詳	內地人 12 本島人 209，591
中學校	內地人 1，230 本島人 317	不詳	內地人 2，242 本島人 1，718
高等女學校	內地人 1，227 本島人 607	不詳	內地人 2，976 本島人 1，213
師範學校	不詳	內地人 135 本島人 1，533	內地人 494 本島人 1，014
實業學校	不詳	內地人 627 本島人 596	內地人 996 本島人 682
高等學校 （尋常科及高等科）	不詳	內地人 79 本島人 2	內地人 368 本島人 43
醫學 專門學校	內地人 93 本島人 343	不詳	內地人 123 本島人 168
高等 農林學校	內地人 0 本島人 110	不詳	內地人 111 本島人 7
高等 商業學校及 商業 專門學校	內地人 132 本島人 187	不詳	內地人 243 本島人 76

　　日本領臺之際，最主要的教育方針是在傳授臺灣人日本語，亦即推行「國語教育」，因為國語教育的目的是做為人際交通語、文化發達的手段、同化的必要手段。然而，總督府公學校最初教授的用語是日本語，這是絕對必修的科目，相形之下，臺灣語則是做為隨意科，亦即現在所謂的選修科，每週授課兩小時，甚至到了中等程度以上的學校，漢文也是以日本式的讀法來教授，這種方法對普通教育來說，做為文化傳達的手段，可說是功少而勞多、事倍而功半。對於臺灣教育界來說，強制實施國語教育政策無非是將同化做為最大的目的，而並非以教育為其目的。

〔註30〕矢內原忠雄《帝國主義下的臺灣》，頁 197～209。

　　有關中學校設置的部分，總督府於大正 11 年（1922 年）4 月 1 日頒布府令第六十六號制定臺灣公立中學校規則，並廢除了大正 8 年（1919 年）府令第四十六號臺灣公立高等普通學校規則。其「第六十六號」〔註31〕的規則大要如下：

　　其一、中學校是爲了對於男子必要的高等普通教育而施行的，爲主
　　　　　要的目的在於培養其國民道德。

　　其二、教學科目中以修身、國語、漢文、外國語（英語、獨語、或
　　　　　佛語）〔註32〕歷史、地理、數學、博物、物理、化學、法制、
　　　　　經濟、實業、圖畫、唱歌、體操爲隨意科目做爲實業課程修
　　　　　習。對於臺灣中學校，隨意科目加上臺灣語科，而法制、經
　　　　　濟、唱歌做爲正教科。爲了本島人學生，將國語及漢文的教
　　　　　授時數增加。

依據以上所述新教育令的制定規則，中等教育以上的程度是完全將內地人與臺灣人的區別做一徹底的去除，專爲男子所設的公立中學校及高等普通學校從此廢除，依據中學校令而改爲中學校。此外，專爲女子所設的高等女學校及女子高等普通學校也廢除，改爲高等女學校。茲將昭和 2 年（1927 年）期間存在的十所中學校名稱、設立年度、學生人數列二表如下：

表 2-2-4：昭和二年六月中學校設立狀況〔註33〕

臺北州立第一中學校	原總督府臺北中學校
臺北州立第二中學校	大正十一年新設
臺北州立基隆中學校	昭和二年新設
新竹州立新竹中學校	大正十一年新設
臺中州立臺中第一中學校	原公立臺中中學校
臺中州立臺中第二中學校	大正十一年新設
臺南州立臺南第一中學校	原總督府臺南中學校
臺南州立臺南第二中學校	大正十一年新設
臺南州立嘉義中學校	大正十三年新設
高雄州立高雄中學校	大正十一年新設

〔註31〕　吉野秀公《台湾教育史》第六編「臺灣教育確立時代」第七章「中等教育之中學校」，頁 511～515。（筆者譯）

〔註32〕　「獨語」即德語、「佛語」即法語。

〔註33〕　矢內原忠雄《帝國主義下的臺灣》，頁 197～209。

表 2-2-5：大正十一年以後中學校學生數〔註 34〕

年　次	校　數	生　徒	卒業者	第一學年入學志願者	第一學年入學者
大正十一年	8	2020	170	2735	870
大正十二年	8	2554	218	2767	835
大正十三年	9	3054	236	4059	919
大正十四年	9	3584	218	3769	899
大正十五年	9	4096	496	4274	964

　　除此之外，依據筆者訪談發現，各個學校在教育措施與教學運用上，雖然有一些共通性之處，但也存在著一些差異性，例如有關「教育勅語」的宣讀以及對於「芝山岩事件」的認知，就存在著一些不同之處，茲將訪談的記錄與發現，分別敘述分析如下：

1、「教育勅語」的宣讀

　　有關明治天皇所頒布的「教育勅語」〔註 35〕的宣讀方式，筆者經實際訪談發現，不同的學校之間也產生了一些相異處與相同點。例如就讀於月眉國小的受訪者劉源川耆老說道：

> 過年過節時學校教務主任都會從平時鎖住的金庫裏，小心翼翼地拿出「教育勅語」至禮堂交給校長，校長就將包在上面很漂亮的布小心翼翼地打開，那個時代從來沒看過那麼漂亮的布，然後由校長親自宣讀，全校師生站著低頭恭敬聆聽，因為日本人認為明治天皇之所以成功，是在於「教育」方面的成功。〔註 36〕

至於學生本身會不會背誦這個「教育勅語」呢？就讀臺中市村上公學校（現今南屯國小）的受訪者張清江耆老說：

> 我在公學校唸書的時候，經常聽校長宣讀「教育勅語」，但是我自己本身不會念這個勅語。〔註 37〕

另一位同樣就讀村上公學校的受訪者賴深耆老〔註 38〕則會背誦，這可能是各人的因素，但學校則是一樣地執行這項「教育勅語」的宣讀儀式，而且共通

〔註 34〕　矢內原忠雄《帝國主義下的臺灣》，頁 197～209。
〔註 35〕　「教育勅語」：明治 23 年（1890）10 月 30 日頒布。
〔註 36〕　受訪者：劉源川（參考註 12）。引自「訪談記錄稿」頁 34。
〔註 37〕　受訪者：張清江（參考註 65）。引自「訪談記錄稿」頁 43。
〔註 38〕　受訪者：賴深（參考註 27）。引自「訪談記錄稿」頁 36～41。

點都是在大禮堂舉行，並由校長親自宣讀。然而，就讀豐原公學校的受訪者林瑞成耆老則有不同的說法：

> 教育勅語都是同學代表上台宣讀，如果是在教室裏，則由班上同學輪流宣讀；如果是在大禮堂中，則由一位同學代表上台宣讀。〔註39〕

其中一位受訪者盧景村耆老更是認為日本人在世界大戰時，表現特別勇敢而傑出的原因就是日本教育成功的表現。他說：

> 每當日本天皇生日時，學校都會在大禮堂舉行典禮，教務長拿出天皇的相片至禮堂懸掛，校長額會宣讀「勅語」，其中最重要的是明治天皇的「教育勅語」，全體師生都要低頭表示敬意。日本人自小接受這種愛國思想的教育，因此戰爭時很厲害，日本人寧可戰到剩下一兵一卒，絕對不會無故投降。〔註40〕

由此可見，日治時代非常重視教育，並遵奉明治天皇的「教育勅語」做為施行教育的方針，落實於學校教育之中，雖然每所學校都有遵循這個宣讀勅語的儀式來進行，但每個學校有其相同點與相異處，表示這個宣讀的儀式是重要的，但也是有彈性而自由的。

2、芝山岩事件的認知

這些受訪人當中，由於每個人的出生地與就讀的學校不同，而產生了若干區域性的差異，例如芝山岩事件爆發後的「六氏先生」紀念日，每個學校的紀念方式不一樣。所謂「六氏先生」紀念日的來源是這樣的，臺灣第一任學務部長伊澤修二於明治 28 年 6 月 26 日（1895）將學務部移至士林北邊的芝山岩開漳聖王廟（惠濟宮），集合台灣人子弟開始進行日本語的教育，接著又於明治 28 年 7 月 26 日開設「芝山岩學堂」，開始對臺灣人傳習日本語。他為了要實現將日語教育普及於全臺灣，開始著手準備開設日本語學校以及日本語傳習所，不僅訓練臺灣當地的教員，還特地回日本招募教員，他趁著護送北白川宮能久親王的靈柩回到日本東京之時，招募了 13 名的部員與 45 名的講習員。不幸的是，在伊澤修二回日本的那段時間，士林芝山岩學務部的六名教員被臺灣反動人士所殺害，釀成了一樁「芝山岩事件」的悲劇，二月一日遂成為「六氏先生」的紀念日，每年的這一天，學校裏都會舉行祝祭儀式來悼念這六位老師。

〔註39〕 受訪者：林瑞成（參考註 13）。引自「訪談記錄稿」頁 46～47。
〔註40〕 受訪者姓名：盧景村（參考註 14）。引自「訪談記錄稿」頁 49～52。

依據筆者訪談發現，隨著區域性的轉移，當時每個學校對於芝山岩事件「六氏先生」的紀念日都有不同的作法，例如就讀東勢公學校的受訪者陳肇雲耆老描述當時的情形說道：

> 每年到了這個時期，學校的老師不管是臺灣老師或日本老師都會講一次這個「芝山岩事件」的故事，並且會在學校舉行一個儀式，學校全體師生都要恭敬地面向北邊朝拜。我個人覺得這個事件發生的原因是日本剛來接管臺灣時，有一些臺灣人因為心中不服，而激起反對日本人的心態，因此產生了一些抗爭活動，這六位日本老師就是在這種反動的情況之下，於芝山岩被臺灣的反對派者所殺，學校為了紀念這「六氏先生」而舉行這個祭祀典禮。雖然我不太了解當時事件的詳細情形，但總覺得應該是存在於日本人與台灣人之間的一道鴻溝，你日本人來管理我們，我們都已經心不甘情不願了，還要讀日語接受日本文化，不管日本人有多好，總是異族人士，因此都會有反抗的心理。〔註41〕

而受訪者的夫人劉五娘耆老則說：

> 我就讀土牛國小由於規模較小，因此沒有舉辦這種特殊的祭拜儀式，我也沒有參加過「芝山岩祭」，但是我知道那一天會放假不用上學，因此很高興。〔註42〕

又例如就讀臺中縣月眉公學校的受訪者劉源川耆老，在他的認知中，六氏先生當中有五男一女，他說：「我們在歷史課有學到這個事件，但平常在學校都沒有朝拜，只有畢業旅行時老師會帶我們去芝山岩朝拜這六氏先生，我認為有些教科書將這羣動亂的臺灣人說成是土匪，其實就是當時一些反對日本的魯莽的臺灣人罷了。」〔註43〕還有就讀臺中市南屯公學校的受訪者賴深耆老則認為：「六氏先生可能是被原住民所殺害，雖然在學校裏沒有舉行參拜儀式，而畢業旅行老師也沒有帶我們去實地參拜，但因為很感念老師的教育恩德，自己特地前往參拜。」〔註44〕就讀臺北第三女高的受訪者黃淑媛耆老

〔註41〕受訪者：陳肇雲（參考註9）。引自「訪談記錄稿」頁11～25。

〔註42〕受訪者：劉五娘，性別：女，1926年於土牛出生，日治時代教育程度：土牛國小六年。職業：自動車株式會社家事管理員。經歷日治時代的時間：21年。受訪日期：民國98年9月26日下午3時15分起至5時35分結束。受訪地點：受訪人自宅（東勢）。引自「訪談記錄稿」頁24～25。

〔註43〕受訪者：劉源川（參考註12）。引自「訪談記錄稿」頁27～34。

〔註44〕受訪者：賴深。（參照註27）。引自「訪談記錄稿」頁36～41。

〔註 45〕，雖然地處北部，對於芝山岩事件（六氏先生），曾經在公學校時聽過老師講述，但平常在學校並無舉辦任何祭祀典禮，只有在旅行時前往現場參拜過。至於沒有接受過日本學校正規教育的受訪者黃結耆老〔註 46〕，則對芝山岩事件的儀式與祭典則全然不知，由此可見教育對台灣人民認知上有著很大的影響力，引導著他們對事情認知的思維方向，以及對社會文化認知的思考態度，難怪日本人在台時期十分重視國民教育。

二、小公學校教員檢定考試狀況

大約在大正 7、8 年（1918～1919 年）間，由於臺灣教育制度日漸完善，受教的學生也與日俱增，在當時的學校數與學生數急速增加的趨勢中，公學校教育十分發達，伴隨著這種現象而來的是教育養成的重視，也就是公學校教員的養成資格制度的確立，因此在師範學校中培訓公學校的雇教員、訓導、準訓導、教諭便成了當務之急。依據《臺灣教育史》〔註 47〕的記載，分為「雇教員養成講習」、「訓導養成」、「教諭養成講習科」等部分。茲敘述如下：

（一）雇教員養成講習

依據各地方廳的雇教員養成計畫，講習員的資格是公學校畢業生，而講習科目包括修身、國語、算術、教育、體操、圖畫等科，養成期間是五個月到六個月之間，在大正 8 年（1919 年）於臺北、桃園、南投、嘉義、臺南、阿猴、花蓮港等七廳，舉辦講習會培養廳視學及公學校教諭的講師，當時得到講習證書的人數有男子一百七十八名，女子三十四名，共計二百十二名。其後在大正 9 年（1920 年）於臺北、新竹、臺中、臺南等四州以同樣的方法再舉辦一次教師培訓與教師證書的授與。大正 10 年（1921 年）則是在臺北、臺中、臺南、高雄等四州舉辦，當時培訓出來的有二百五十三名講習員。其後雖然還有一些地方繼續舉辦，但最後因為受到經濟狀況不佳的影響，到了大正 14（1925 年）年出現了教員過剩的情形。

（二）訓導養成

以上所敘述的雇教員遍布全臺灣島，人數眾多，因此從臺北師範學校中，選拔出優秀的教員，在大正 11 年（1922 年）舉辦公學校訓導講習科，在短短

〔註 45〕 受訪者：黃淑媛（平井洋子→ひらいようこ），（參照註 72）。引自「訪談記錄稿」頁 57～60。

〔註 46〕 受訪者：黃結（參照註 94）。引自「訪談記錄稿」頁 2～9。

〔註 47〕 吉野秀公《台湾教育史》，頁 407～408。（筆者譯）

一年之間，當時的人數就已達到了二百九十二名，其他諸如臺中與臺南州等地，在二年乃至一年的期間，都舉辦了准教員養成的講習會，也培訓了許多優秀的教員與訓導。

（三）教諭養成講習科

大正10年（1921年）期間，在臺南師範學校中，舉辦了日本內地人擁有中等學校畢業以上的學力之男女入學至公學校，進行教諭養成的講習科，畢業生可以得到乙種公學校教諭教師證的授與，但是很可惜的是，當時只舉辦過一次就停止了，只有五十名畢業生得到這個教師證。茲將大正8年（1919年）以後小公學校教員教師證授與的人數列表於下：

表 2-2-6：小學校教員教師證授與數〔註48〕

檢定情況　教員類別　年次	試驗檢定			無試驗檢定		
	大正八年	大正九年	大正十年	大正八年	大正九年	大正十年
小學校正教員	1	0	0	85	45	36
尋常科正教員	5	1	0	33	17	25
專科正教員	4	1	3	3	2	2

表 2-2-7：公學校教員教師證授與數〔註49〕

種類　年次	試驗檢定			無試驗檢定		
	大正八年	大正九年	大正十年	大正八年	大正九年	大正十年
甲種教諭	18	0	0	30	81	126
乙種教諭	39	10	2	31	68	87
丙種教諭	1	0	1	45	5	3
專科教諭	15	4	2	4	5	20
訓　導	7	16	19	5	36	61

〔註48〕吉野秀公《台灣教育史》，頁 408～409。
〔註49〕同上註。

　　有關初等學校教員教師證授與的施行規則是依據大正 8 年（1919 年）12月所頒布的府令「第一百四十四號」〔註 50〕的規定，確立了臺灣小學校教員及臺灣公學校教員證書的實際施行規則。至於訓導與準訓導的任用規則是依據大正 12 年（1923 年）7 月所頒布的「府令第六十五號」〔註51〕所制定的規則，確立了臺灣公立小學校及臺灣公立公學校准訓導任用的準則。茲將各類教員的任用人數列表如下：

表 2-2-8：免試驗的小學校教員〔註 52〕

年　　次	本科正教員	尋常正教員	專科教員	小學准教員	尋常准教員
大正十一年	41	61	3	0	0
大正十二年	男 40 女 0	男 1 女 62	男 1 女 1	男 0 女 0	男 0 女 0
大正十三年	男 44 女 1	男 5 女 83	男 1 女 1	男 0 女 0	男 0 女 0
大正十四年	49	83	0	0	2
大正十五年	47	80	0	1	1

表 2-2-9：經試驗的小學校教員

年　　次	本科正教員	尋常正教員	專科教員	小學准教員	尋常准教員
大正十一年	2	15	10	0	0
大正十二年	男 2 女 0	男 0 女 4	男 1 女 1	男 0 女 0	男 1 女 0
大正十三年	男 1 女 0	男 8 女 2	男 2 女 2	男 0 女 0	男 1 女 1
大正十四年	1	4	5	0	2
大正十五年	0	4	3	0	2

〔註 50〕吉野秀公《台湾教育史》，頁 400。（筆者譯）
〔註 51〕吉野秀公《台湾教育史》，頁 500～501。（筆者譯）
〔註 52〕吉野秀公《台湾教育史》，頁 500。

表 2-2-10：師範學校畢業者

年　次	本科正教員
大正十一年	23
大正十二年	男 27 女 0
大正十三年	男 26 女 0
大正十四年	19
大正十五年	17

表 2-2-11：免試驗的公學校教員

年　次	甲　正	乙　正	專　科	甲　準	乙　準	丙　正
大正十一年	101	78	15	0	0	2
大正十二年	男 131 女 15	男 45 女 22	男 9 女 2	男 1 女 3	男 38 女 32	男 16 女 8
大正十三年	男 122 女 27	男 44 女 76	男 11 女 13	男 3 女 4	男 128 女 11	男 75 女 37
大正十四年	88	105	28	9	102	0
大正十五年	69	84	5	10	105	0

表 2-2-12：經試驗的公學校教員

年　次	甲　正	乙　正	專　科	甲　準	乙　準
大正十一年	2	95	62	0	270
大正十二年	男 0 女 0	男 68 女 1	男 21 女 1	男 0 女 0	男 45 女 3
大正十三年	男 1 女 0	男 50 女 1	男 24 女 0	男 0 女 0	男 39 女 0
大正十四年	0	17	34	1	23
大正十五年	2	12	67	0	19

表 2-2-13：師範學校畢業者

年　次	甲　正	乙　正	丙　正	乙　準
大正十一年	61	47	男 192 女 68	147
大正十二年	男 61 女 0	男 741 女 38	男 0 女 52	男 0 女 0
大正十三年	男 67 女 0	男 558 女 128	男 0 女 21	男 0 女 0
大正十四年	52	230	0	0
大正十五年	69	169	0	0

　　筆者訪談的對象中有兩位女性教員，其中一位住在彰化的受訪者謝麗娟耆老回憶她進入公學校任教的經過說：

> 我從彰化高級女學校就讀四年之後，已經有像現在高中的學歷，畢業之後去受訓二十日，結訓後我成為「訓導」的資格，然後自己選擇到彰化社口公學校去教書兩年，這是當時女性最好的就業模式。

〔註53〕

還有另一位女性教員是住在豐原市的受訪者林瑞璧耆老說：

> 我在日治時代就讀彰化高等女子學校，畢業之後到臺中師範學校受訓三個月，然後由政府分發至潭子公學校教書，三年之後再轉到我的母校瑞穗國小去任教。〔註54〕

以上兩位女性受訪者同樣是就讀彰化高級女學校，也同樣在畢業之後參加師範學校受訓而在公學校任教，當時的教員任教制度分為「試驗」與「免試驗」的公學校教員，而她們同樣是屬於免試驗的公學校教員。但是在她們的描述之中，發現了一個差異之處：謝女士說她在受訓之後成為訓導，是自己選擇到彰化社口公學校去教書；而林女士則說她在受訓之後，是日本政府派她前往潭子公學校教書，究竟當時的任派制度如何？還有待進一步地考察與研究。但是依據歷史文獻記載，當時在取得任教資格的規定中，如果考試或受訓的表現良好，才能被推選為「訓導」，如果是這樣的話，筆者在此先做一大膽的假設，謝女士可能因為表現優異而成為訓導，也正因為成績優異而可以

〔註53〕 受訪者姓名：謝麗娟（參考註73）。引自「訪談記錄稿」頁62～63。
〔註54〕 受訪者：林瑞璧（參考註75）。引自「訪談記錄稿」頁78～83。

讓她優先自己選擇要前往哪一所學校任教，就好像我們現在這個時代依據畢業生的成績來分發學校一樣，成績優異的學生當然可以優先選擇填志願。不過這只是筆者一個大膽的假設，還有待日後更深入的研究與考察。

有關小公學校教員的檢定考試當中，有一科最特別的科目就是「臺語科」〔註55〕，觀察大正 12 年度（1923 年）至大正 15 年（1926 年）度的小公學校教員的檢定考試試題，一共只有兩大題，而題型則只有翻譯題一種，大致分爲：國語臺譯、臺語和譯。也就是在第一大題中，考卷上寫著日本語，而考生要將這些文章翻譯爲臺灣語；第二大題則是考卷上寫著臺灣語，而考生要將這些文章翻譯爲日本語，但這項當中又分爲「福建語」和「廣東語」兩種，讓考生自由選擇一種語言進行翻譯，考試時間一共是一個小時。由此可見當時要進入小公學校教書的教員，也都必須要具備有「臺灣語」的語言能力，這是配合臺灣當地，屬於區域性的特殊需要，若是在日本內地可能就不需要這項語言專才了。然而，縱使日本人的教育目標在於同化臺灣人，但畢竟這裏是臺灣本島，唯有具備「臺灣語」的語言能力，才能適應這塊土地上所居住的臺灣人民所習以爲常的種種文化現象，且更進一步地站在教導者的立場來從事教學。

第三節　日本小學校狀況

一、文獻記載

一般而言，臺灣孩童到了學齡階段，會被安排進入公學校就讀，依據「臺灣公學校的規則」〔註56〕敘述如下：

> 修業年限六年的公學校課程科目包括有：修身、國語、算術、日本歷史、地理、理科、圖畫、唱歌、體操、實科（男子爲農業、商業、手工當中選擇一項或兩項選修課程；女子則爲裁縫、家事課程）、隨意科（漢文）

日治時代的臺灣學校教育主要是以學習日本語爲主要目的，依據吉野秀公的分期〔註57〕，將臺灣日治時代的教育分爲臺灣教育的發端（明治 28 年～30

〔註55〕 參考《臺灣總督府小公學校教員檢定試驗文題集》之「臺灣語科」，昭和二年六月發行，臺北，長谷川タカチオ發行。

〔註56〕 吉野秀公《台灣教育史》，第六編第六章「初等教育」，頁 497。（筆者譯）

〔註57〕 吉野秀公《台灣教育史》，台北，南天書局有限公司，1927 年 10 月初版。

年）、臺灣教育基礎時代之一（明治 31 年至 39 年）、臺灣教育基礎時代之二
（明治 40 年至大正 7 年）、臺灣教育確立時代之一（大正 8 年至 10 年）、臺
灣教育確立時代之二（大正 11 年以後），由以上的劃分看來，顯然吉野秀公是
以大正 8 年所頒布的「臺灣教育令」做爲分水嶺，來劃分基礎時代與確立時
代；而以大正 11 年所頒布的「新臺灣教育令」來進一步探討確立時代的新發
展。這些受訪者都是在大正 11 年以後出生的人，已經是接受「新臺灣教育令」
的時代了，因此已進入了臺灣教育確立時代的新發展。但依據蔡茂豐先生的
研究，將臺灣的「日本語教育」〔註58〕分爲四期：日本語教育的摸索時代（1895
～1919）、日本語教育的確立時代（1919～1922）、日本語教育的內臺人共學
時代（1922～1943）、日本語教育的義務教育時代（1943～1945）。

　　日本總督府於大正 11 年（1922 年）4 月 1 日以府令第 64 號發布並實施
臺灣公立小學校規則，同時廢除大正 10 年（1921 年）所發布的府令第 44 號
臺灣小學校規則，這個新教育令的特色是將過去內地人（日本人）和臺灣人
的區別給撤除掉，自此以後，初等教育中的小學校與公學校的差別，在於入
學的學生對於國語（日本語）是否爲其常用語的區別。新教育令「府令第 64
號」〔註59〕指出：

　　第二條　國語爲常用語言者，其初等普通教育依小學校令實施
　　第三條　國語爲不常用語言者，其初等普通教育依公學校令實施
由以上的新教育令可以看出當時總督府有意打破內臺人之間的民族意識分
別，不再以日本人或臺灣人來區分就讀公學校或小學校，而只以是否將日
本語做爲常用的語言，若是常用國語的孩童，則進入小學校就讀，若是不
常用國語的孩童，則進入公學校就讀。這樣的新教育政策，從表面看來的
確是很公平的方式，新臺灣教育令的特色在於內臺人共學，不同於過去臺
灣教育令的「只限於本島人的教育令」，新臺灣教育令是「針對臺灣的教
育」，其中的內容包含了本島人與內地人一起共學的教育令，確立了有關臺
灣的所有日本語教育學制。針對這一點，蔡茂豐提出很多異議〔註60〕，他

〔註58〕　蔡茂豐《台灣日本語教育の史的研究（上）》第一章「領台時代日本語教育の
　　　　史的考察」，頁 1～59。

〔註59〕　吉野秀公《台湾教育史》第六章「初等教育」，台北，南天書局有限公司，1927
　　　　年 10 月初版，頁 491～494。（筆者譯）

〔註60〕　蔡茂豐《臺灣日本語教育の史的研究（上）》第一章「領台時代日本語教育の
　　　　史的考察」第六節「日本語教育の我觀」，頁 58。（筆者譯）

覺得這種所謂內地人（日本人）和本島人（臺灣人）共學的制度只是一種
形式上的口號，並非真正的內臺人共學，其真實目的在於對臺灣人進行同
化而產生的差別教育，例如臺灣人讀「公學校」，而日本人讀「小學校」，
若是真正的共學，應該是臺灣人兒童也可無條件的進入日本人兒童專屬的
小學校就讀才對。另外，當時日本人住在臺灣的人數只有 20 萬至 30 萬人，
而臺灣人在昭和年代時已有 550 萬人之多，兩者人數不成比例，若真正要
「內臺人共學」的話，就不能只有要求臺灣兒童學習日本語，而更應該讓
日本兒童學習當時多數人所使用的臺灣語才對。依據《臺灣教育史》記載，
自大正 11 年（1922）至 15 年期間，在「公學校」裏，本島人（臺灣兒童）
和內地人（日本兒童）共學的比例情形呈現如下列的表格：

表 2-3-1：公學校比例〔註61〕

年　次	「內地人」兒童	「本島人」兒童數
大正 11 年	5（男） 8（女）	160，409（男） 35，374（女）
大正 12 年	8（男） 6（女）	171，359（男） 38，587（女）
大正 13 年	8（男） 3（女）	174，318（男） 40，419（女）
大正 14 年	10（男） 3（女）	187，742（男） 48，055（女）
大正 15 年	12（男） 2（女）	185，211（男） 40，419（女）

　　另外，自大正 11 年（1922）至 15 年期間，在「小學校」裏，本島人（臺
灣兒童）和內地人（日本兒童）共學的比例情形呈現如下列的表格〔註62〕：

〔註61〕　吉野秀公《臺灣教育史》，頁 494～498。
〔註62〕　吉野秀公《台灣教育史》頁 494～498。

表 2-3-2：小學校比例〔註63〕

年　次	「內地人」兒童	「本島人」兒童數
大正 11 年	11，525（男） 10，576（女）	431（男） 109（女）
大正 12 年	11，597（男） 11，058（女）	622（男） 171（女）
大正 13 年	11，671（男） 11，181（女）	718（男） 181　（女）
大正 14 年	12，493（男） 11，703（女）	680（男） 210（女）
大正 15 年	12，945（男） 12，129（女）	874（男） 256（女）

　　由上列表格可明顯看出當時臺灣兒童要進入日本兒童專屬的「小學校」就讀的人數比例是極低的。相反地，日本兒童進入「公學校」就讀的人數也是佔極低的比例，換句話說，即使總督府在頒布新教育令之後，打著「內台人共學」的口號，推行不分種族的入學制度，然而當時日本孩童和臺灣孩童就讀的學校還是存在著很大的種族差異性。

二、訪談記錄

　　筆者訪談的對象是在昭和時期出生的臺灣人（1922 以後出生），在學齡之時進入公學校就讀，恰逢日本語教育的「內臺人共學時代」，若依據當時的規定，只要能完全使用日本語的兒童，便有資格可以進入日本人的「小學校」就讀，但事實上，依據筆者訪談發現，這些受訪者一致的認知是，當時只有兩種人能進入「小學校」就讀，一種是「國語之家」的兒童，另一種是擔任保甲職務之類的家庭，亦即有勢力與地位的家庭才能讓孩子進入「小學校」就讀。一位就讀村上公學校的受訪者盧景村耆老說：

　　　　公學校都是男女學校各自分開，亦即男子公學校與女子公學校，但鄉下地區由於人數較少，也有可能男女合校。而日本人專門的小學校由於日本人的人數比較少，因此大多是男女合班，臺灣人若要進入小學校就讀，必須要家庭社經地位高的才能得到學校的許可而入

〔註63〕 同上註。

學，一班大約只有三四個臺灣人。〔註64〕

另一受訪者劉源川耆老則說：

> 臺灣人改姓氏者，被視爲日本人，則可以進日本專門的小學，將來
> 薪資所得也會比較好，日本姓氏可以自己選擇，祖先繼續供奉，也
> 沒有爲祖先改姓氏，臺灣光復後又改爲自己原來的姓氏。當時我念
> 月眉公學校，由於月眉製糖場、製糖會社中有很多日本人，因此月
> 眉這個地區有特別設立日本專門的小學，而我太太出生的村莊是外
> 埔，由於地處鄉下較爲偏僻，日本人較少，因此沒有分日本人和臺
> 灣人的學校。〔註65〕

筆者爲了證實臺灣人進入公學校的眞實情形，與上列新教育令的規則、以及
這些就讀公學校的受訪者的認知，究竟存在著多少差異？亦即規則、認知、
實際三者之間的差異性，於是特地訪談了三位「國語の家」且有改日本姓名
的人。其中一個是出生於臺北艋舺的受訪者黃淑媛耆老，她說：

> 我的爺爺是保甲，父親是台中分區長，母親與姊姊都就讀臺北第三
> 高等女學校（現今中山女高），全家都會說日本語，家中的客廳供奉
> 日本神棚（かみだな），並設備有日本式榻榻米房間，這三個條件是
> 成爲「國語之家」的必要資格。我們家祖先牌位和觀音菩薩都供奉
> 在飯廳中，日本人不會加以管束，全家人和日本警察感情很好，每
> 天日本警察都會來家裏喝茶聊天，
> 日本警察的太太還會做衣服送給我們穿。成爲國語之家的好處很
> 多，例如所有的食物配給額度都比照日本人，在臺灣社會地位和感
> 覺就跟日本人一樣，我們全家還改日本姓氏爲「平井」（ひらい）。
> 身爲國語之家的子女，原本有資格可以進入日本人專門的「小學
> 校」，但我的父親認爲在小學校讀書的話，由於種族意識作祟，即使
> 成績再好，也沒辦法得第一，因爲學校都把第一名的名額留給日本
> 學生，臺灣學生會受到不平等的待遇，因此決定接受義務教育，由
> 日本政府安排，我被分配到老松公學校就讀，而弟弟則被安排到另
> 一所龍山公學校就讀。〔註66〕

〔註64〕受訪者姓名：盧景村（參考註14）。引自「訪談記錄稿」頁50。

〔註65〕受訪者：劉源川（參考註12）。引自「訪談記錄稿」頁27。

〔註66〕受訪者姓名：黃淑媛（平井洋子→ひらいようこ）（參考註72）。引自「訪談
記錄稿」頁56。

由此可見當時臺灣已實施義務教育，而就讀的學校並非像現在依學區來劃分，而是依照日本政府的分配就讀，即使同一家庭的孩子也不一定讀同一所學校。黃淑媛女士就讀小學時，正值 1936～1942 年，若按照蔡茂豐的分期，尚未進入「義務教育時代」，應該還處於「內臺人共學時代」。若依吉野秀公的劃分，則黃淑媛女士正值大正 11 年以後的「臺灣教育確立時代」，當時臺灣的學校教育已經處於確立時期，無論是教育政策、教育方針、教學科目等皆已進入成熟階段。這些受訪者都是在大正 11 年以後出生的人，已經是接受「新臺灣教育令」的時代了，因此已進入了臺灣教育確立時代的新發展。此外，還有出生於臺中市的受訪者江重藩耆老，他說：

> 我的父親於明治 45 年畢業於臺北師範學校，而畢業紀念冊遲至大正
> 15 年才寄到，師範學校畢業後於大村鄉公學校教書四年、員林公學
> 校教書二年、官派至員林坡心庄（埔心鄉）庄長四年、臺中州庁調
> 停課勤務至退休，一共服務十七年（日本政府制度十七年退休），退
> 休後調至臺中州農會擔任總務主任，俗稱「天降」官職（あまくだ
> り），意思是指日本高級官僚辭官後到有關企業裡去當主管。昭和
> 11 年日本政府推行「國語之家」，我們家立刻合格通過，而成爲標
> 準的「國語之家」；昭和 15 年 4 月 12 日政府推行「改姓名」運動，
> 全家也改姓氏爲「江村」。〔註67〕

這位受訪者身爲「國語之家」的一員，再加上「改姓名」的資格，無論是依據大正 11 年「新教育令」的規定，或是依據其他受訪者的認知，都具有就讀小學校的資格。但實際上他在申請就讀明治小學校的時候，還必須經過一些訪談和考試的步驟。江重藩耆老說：

> 首先，小學校教務主任會到家中「家庭訪問」調查家世，看看家裏
> 的人會不會說日本語，家裏有沒有供奉日本神棚……等，一一做調
> 查和了解，然後才能核定有沒有申請就讀小學校的資格。〔註68〕

除了家庭訪問了解家世之外，還必須針對學童當事人進行入學面試，依據受訪者的描述，其步驟如下：

〔註67〕 受訪者：江重藩（江村重藩：えむらしげもり），（參考註74）。引自「訪談記錄稿」頁69。

〔註68〕 受訪者：江重藩（江村重藩：えむらしげもり）。引自「訪談記錄稿」頁 70 ～71。

其一、掛圖（かけず）問答

問：これは何ですか？（這是什麼？）

答：これはかけずです。（這是掛圖）

問：これは何のかけずですか？（這是什麼樣的掛圖？）

答：これは滑り台です。（這是溜滑梯）

問：子供は何人ですか？（圖片中有幾個小孩子？）

答：5名がいます。男2人、女3人。（有五個小孩子，男生男2人、女生3人。）

問：子供は何をあそびますか？（小孩子在玩什麼？）

答：滑り台で遊んでいます。（在玩溜滑梯）

問：ここは何がありますか？（這個地方有什麼？）

答：樹があります。（有一棵樹）

問：この樹は何の樹ですか？（這棵樹是什麼樹？）

答：ようじゅ（ガジエマル）です（榕樹）。

其二、試探台灣語

面試委員突然拿出一把剪刀，問：これは臺湾語でどう言いますか？（這個東西臺灣話怎麼說？）答：分かりません（不知道。）孩童小小年紀是不太會說謊或造作的，尤其面對臨時的突發狀態與測試，由於受訪者自從出生之後，在家庭中一律使用日本語，因此自然不會說臺灣話，他是一直到臺灣光復後才開始學習臺灣語的，因此順利通過考試，前往參加考試的臺灣人，大部分都沒有過關，受訪者班上也只有他一個臺灣人。

其三、日本神明參拜

問：これは何ですか？（這是什麼？）

答：これは神棚（かみだな）です。（這是神棚）

問：拝めますか？（你會拜嗎？）

答：拝めます。（會拜）

問：拝んで見せてください。（拜給我看看）受訪者便當場進行參拜。

〔註69〕

〔註69〕受訪者：江重藩（江村重藩：えむらしげもり），（參考註74）。引自「訪談記錄稿」頁70～71。

另外，還有一位是江重藩耆老的妹妹江惠蓮耆老，她提到當時日本人的一些突擊檢查，她說：

> 農曆過年時，日本人會來家中突擊檢查，看看家中有沒有做「年糕」、「發糕」等台灣應景食物，若家中仍過台灣農曆年，則失去「國語之家」的資格，子女也不能念小學校。〔註70〕

江惠蓮耆老還描述了當時小學校的情形：

> 當時參加入學面試的臺灣人一共約有五、六十人，但結果只錄取二、三人，我們班只有我和一個臺灣男孩。當時臺中只有兩所小學校：明治小學校與光復小學校，明治小學校較多法院文教者的子女，而光復小學校則較多生意人的子女，隨著生意往來的流動性大，臺灣人的名額也較有彈性。一般而言，小學校自一年級起即男女分班，但是我們班比較特殊，一二年級男女合班，到了三年級才男女分班。
> 〔註71〕

受訪者所描述的現象表現出日本人在領臺時期，雖然沒有強制臺灣人必須改掉所有的民間習俗與信仰習慣，但還是希望臺灣人能真正受到日本的同化，從日常生活的一切習慣開始，成為真正的日本皇民。

由上所述，臺灣人想要進入日本人專門的小學校就讀，並非只是家庭社經地位崇高，或是「國語之家」的條件而已，還必須經過「家庭訪問」以及「面試口考」兩個階段。這些受訪者出生於 1922 以後，當時的臺灣幾乎已被日本人同化，無論是交易買賣的場合，或是在日常生活起居上，大部分的臺灣人都能使用日本語交談，但他們卻很難進入日本人的「小學校」就讀。所謂的「小學校」，對這些受訪者的認知而言，相當於高不可攀的貴族學校，是一種地位與權勢的象徵，並非如規定所說的，完全取決於能否說一口流暢的日本語而已。這是一種差別待遇之下的教育方式，當時台灣學童所受到的不平等待遇，還有中等學校的入學測驗問題，就如同矢內原忠雄所說：

> 大正十一年頒發新教育令以後，中等程度以上的學校全部統一起

〔註70〕 受訪者：江惠蓮（江村惠子：えむらけいこ）。性別：女。 民國 21 年（昭和7 年）出生於台中市。日治時期教育程度：明治小學校六年（大同國小）、台中高女（台中女中）四月入學八月臺灣光復。受訪日期：民國 98 年 10 月 21日下午 4 時 0 分起至 5 時 45 分結束。受訪地點：受訪者自宅（台中市）。引自「訪談記錄稿」頁 65～66。

〔註71〕 受訪者：江惠蓮（江村惠子：えむらけいこ）。引自「訪談記錄稿」頁 66。

來，實施內地人（日本人）和本島人（臺灣人）共學的制度，將臺灣的學校系統全部內地化的同時，其實是教育機關爲了內地人而設置的變質的教育體制。中等學校的入學試驗題目是無論公學校或小學校的畢業生，一律以小學校的程度出題，對於日常生活使用臺灣語的臺灣兒童來講，日本語等於是一種外國語言，需要花費很多時間與精力來學習。相對地，日本兒童在學習日本語時，是他們平日駕輕就熟的母語，而中等學校的入學試驗時，卻是以同樣的標準來評鑑這兩種不同語言系統不同民族的人。而且其他的科目也一律以日本語來進行考試，例如國語、修身、歷史等試驗科目當中，也包含了日本歷史國體的觀念等問題，這些都造成臺灣兒童在競爭上的不平等與諸多困難。〔註72〕

筆者在進行訪談之時，由於人類壽命的限制，明治時代出生的人，現已不易找尋，因此只能針對 1922 年之後出生的長者們進行訪談，這些人在進入小學就讀時，臺灣已經是幾近同化的狀態，但還是有不一樣的差別教育。雖然小學時期日本人兒童與臺灣人兒童是分開學校來接受教育，但進入中學之後，因爲入學取決於考試，於是日本人與臺灣人就能在同一所學校同一個班級就讀。依據筆者訪談發現，進入高等學校（相當於今日的國中）之後，因爲考試的題目對日本學生比較有利，所以班上的日本人同學佔多數的比例，同儕之間多能以平等之心來相互對待，再加上自小接受禮儀修身的嚴格教育，日本人和臺灣人彼此的情誼還算不錯，但是有時還是會看出日本人和日本人比較接近，而台灣人則自然與台灣人走得較親密，在人際關係上還是會有一些種族上的區隔，這大概是一種民族意識上的差別。

〔註72〕 矢内原忠雄《帝國主義下の台湾》第三章「教育問題」，1934 年 5 月，臺北，南天書局有限公司，頁 203。（筆者譯）

第三章　音韻學習的困境

　　臺灣語的聲母共計有十五個，但常用的約有十四個；韻母則含有六個元音音位，以及七個韻尾輔音，其中鼻音佔有三個，再加上純鼻音的用法共有四個，是臺灣語拼音的一大特色；聲調共有七個，如果再加上變調的規則用法，對日本人來說是一種複雜而難以入手的外國語言。臺灣語的音韻還有「音隨義轉」的問題，隨著意義的改變而有所轉變，游子宜做過專章的報導，他將這種現象稱之為「讀破現象」〔註1〕與「變讀現象」〔註2〕，如果再加上這個複雜的音韻現象的話，日本人在學習過程中就更加艱難了。因此為了能夠儘快地進入語言學習的狀況，教學時通常以「日本五十音」來與臺灣語的發音做一對照，然而，日本人在學習臺灣語的時候，當遇到一些日本語拼音系統所缺乏的發音，為了注記這些不同於日本語的特殊發音，於是設計了一套「符號假名」的拼音符號。

　　除此之外，當臺灣語兩個聲音結合在一起時，會產生出不同於原來的聲音，有點類似於日本人所使用的「音便」，也就是取其類似聲音的結合音。所謂「音便」是為了發音的便利性，而將原來的發音改變為更加順口的聲音，

〔註1〕　游子宜主張「讀破現象」分為「語法音變」，包括聲調讀破、聲母讀破、韻母讀破等；以及「詞彙音變」，是由於詞義的引申或轉移，而詞性未轉化者屬之。〈臺灣閩南語音隨義主初探〉，載自董忠司主編《台灣語言發展學術研討會論文集》，頁121～137，1997年6月。

〔註2〕　所謂「變讀現象」是指通假字的讀音問題，也就是本有其字的假借現象，例如《左傳·哀公十七年》載「請班師」，而《史記·衛世家》則載「般師」，「班」與「般」二字就是屬於聲音相同而相通假。臺灣語的書面文字不發達，而且又吸收了一些非漢語的成分，因此有許多有音無字的現象，如果一定要用漢字來書寫的話，就會產生很多「借音字」或「借義字」。（同上註）

並且使用於日常生活當中。人類的語言是約定俗成長期累積的習慣與文化的結晶，因此有時與辭典中所注記的音會有一些出入，但是由於長期以來受到人們的誤讀與肯定，因此成為定型的念法，在教科書中可能是受到實際生活上所發出的拼音的影響，而產生這樣的注記符號，以適應臺灣社會的實際需求。本章擬從「聲母」、「韻母」、「聲調」等三方面來與日本語做一比較對照，進而從中分析當時日本人學習上的一些困境。

第一節　聲　母

臺灣語常用的聲母共計有十五個，除了無聲母沒有注記符號之外，分別是 p、ph、b（m）、t、th、l（n）、c、ch、s、z、k、kh、g、h 等。反觀日本語的聲母，除去零聲母之外，常用的聲母大約有十二個，但是，其實日本語的聲母中，除了「ア」行的音之外，往往帶有元音的成份，以「カ」行音為例，當我們發出「カ」的音時，其實包含了聲母「k」與元音「a」的成份；而發出「キ」的音時，包含了聲母「k」與元音「i」的成份；發出「ク」的音時，包含了聲母「k」與元音「u」的成份；發出「ケ」的音時，包含了聲母「k」與元音「e」的成份；發出「コ」的音時，包含了聲母「k」與元音「o」的成份。日本語的聲母中，「雙唇音」的部分有「パ」行、「バ」行、「マ」行；「舌尖前音」的部分有「ッ」、「サ」行、「ザ」行；「舌尖音」的部分有「タ」行、「ダ」行、「ナ」行、「ラ」行；舌面前音的部分有「チ」、「シ」；「舌根音」的部分有「カ」行、「ガ」行、「ハ」行等。由此可見，如果要將日本語的十二個聲母來對應臺灣語的十五個華語的二十一個聲母，顯然是不夠用的，因此在練習基本發音的過程中，一定會產生一些學習上的困境。在這些聲母當中，日本語原有的語音有一部分能夠與臺灣語的語音相對應，但是有一些語音則無法達到完全的契合，為了解決這些發音的問題，就使用了一些特殊符號來予以補充，現在將臺灣語與日本語的聲母符號，做一對照表如下：

表 3-1-1：聲母符號對照表

常　音		有氣音	
臺灣語	日本語	臺灣語	日本語
p	パ、ピ、プ、ペ、ポ	ph	パ・、ピ・、プ・、ペ・、ポ・

b（m）	マ、ミ、ム、メ、モ		
t	タ、チ、ッ、テ、ト	th	タ・、チ・、ッ・、テ・、ト・
l（n）	ナ、ニ、ヌ、ネ、ノ		
c	サ、シ、ス、セ、ソ	ch	サ・、シ・、ス・、セ・、ソ・
s	サ、シ、ス、セ、ソ		
z	ザ、ジ、ズ、ゼ、ゾ		
k	カ、キ、ク、ケ、コ	kh	カ・、キ・、ク・、ケ・、コ・
g	ガ、ギ、グ、ゲ、ゴ		
h	ハ、ヒ、フ、ヘ、ホ		

　　由上表可以明顯看見，臺灣語的聲母發音部分，「b」與「m」；「l」與「n」這兩組聲母有時會有通用性，將在本文做一分析。另外，日本語原有的發音，並非全部都能對應臺灣語的發音，例如「ch」的聲母在日本語的發音就找不到，因此特別針對這樣的問題設計了特殊的假名符號，也就是在拼音符號的上方加注了「一」的符號，例如「財」字，臺灣語的發音為「chai5」，日本人為了對應「ch」的聲母，在「サ」的頭上增加了「一」的符號，將原本發「sa」的聲音，轉變成為「ch」的發音，於是拼成了「サィ⛉」的符號。

　　日本語的發音當中也找不到「有氣音」的聲母「ph」、「th」、「kh」等發音，因此便設計了「・」的符號加注在兩個拼音符號的中央，用來代表「有氣音」。例如「腳」字，臺灣語的發音為「kha」的出氣音，日本人為了彌補日本語所缺乏的出氣音，便創造了「カ．ァ」的符號，將原本發「ka」的音，轉變成為「kha」的出氣音。

　　除此之外，臺灣語在說兩個字以上的詞彙時，由於說話的速度加快，自然會產生一種「音韻變化」，這種變化大致可歸納為「後字聲母變化」、「前字韻尾輔音變化」、「前字聲調變化」、「弱讀聲調變化」、「縮讀變化」等，這些詞彙連讀所產生的音韻變化，也是造成日本人學習上的困境，本節即針對有關聲母的部分予以分析，而韻母與聲調的部分，留待後節再做探討。現在就將「b」與「m」；「n」與「l」這兩組聲母的「音位變體」關係；音韻變化的「後字聲母變化」；對應於兩種語言之間的「特殊聲母符號」予以分析說明。

一、聲母音位變體

　　臺灣語的音韻系統，有時會出現音位上的變體，一般而言，音位有辨義

的效果，相同的音位代表相同的意義，如果兩個發音不同的符號，但是卻能出現在相同的語音環境中，兩者可以相互替換、隨意選用，不受條件的限制，不會造成意義上的差別，那麼這兩個發音不同的符號就屬於一個音位的兩個「自由變體」〔註3〕。以臺灣語而言，屬於自由變體的音位大致有「b」與「m」；「n」與「l」兩組音。分別說明如下：

（一）「b」與「m」的變體關係

依據臺灣總督府《臺灣語教科書》的內容資料，將有關「b」與「m」的聲母發音例句以表格呈現如下：

1.「麼」字聲母變體

表 3-1-2：「m」與「b」的變體關係（1）

	【漢字】巡查要創甚麼
	【日譯】巡查ハ何をシテキマスか
問	【中譯】警察在做甚麼
	【日音】スヌ〔_サヂ_テエ〕ソ・ㇰ〕シム〕_ミィ〇
	【羅音】sun5_cha1_te3_chhong3_sim2_mihnn；sûn_cha_tè_chhòng_sím_mi4
	【漢字】巡查在查家甲
	【日譯】巡查ハ戶籍調べをシテ居リマス
答	【中譯】巡查正在戶口普查
	【日音】スヌ〔_サア_テエ〕_サ・ア〔_ケエ_かア〕
	【羅音】sun5_cha1_te3_chha5_ke1_kah4；sûn_cha_tè_chhâ_ke_kah

例句「巡查要創甚麼」的「麼」字，書中的日本音拼成「ミィ〇」，相當於羅馬拼音「mihnn4；mihⁿ」的音，但是依據「彙音寶鑑」的註記則是「bihnn4；bihⁿ」的拼音，若是以臺灣語的實際日常發音來看，則比較趨向於「m」的發

〔註3〕 與「自由變體」相對的是「條件變體」，兩個或兩個以上的音各有自己出現的場合，而同屬於一個音位的音。例如「a」音位有四個變體，它們各有自己出現的條件：「白」的發音「pai」，「a」受到「i」的影響，成為前元音；「麻」的發音「mA」，韻母為單元音，「a」音位的變體為央元音「A」；「勞」的發音「lɑu」，受到「u」的影響，出現了「a」音位的後音位變體；「煙」的發音「iɛn」，受到韻頭「i」與韻尾「n」的影響，「a」音位成為半低的前元音「ɛ」等。參考萬本儀《語言學概論》第五章「語音」，頁 164，臺北，五南圖書出版股份有限公司，2002 年。

音，所以在這裏書中應該是以臺灣人日常生活的實用語爲基準來做爲拼音的準則。由此可以看出「m」與「b」的變體關係。

　　值得一提的是，上列表格「甚麼」這個疑問詞，臺灣總督府《臺灣語教科書》的注記符號爲「シムノ＿ミィワ」，相當於羅馬拼音「sim2_mihnn」的發音，但是師範學校《新選臺灣語教科書》的拼音注記符號則爲「シアb＿ミィワ」。將兩種版本的教科書對照之下，「甚」這個漢字的注記符號，無論是「韻母」或「聲調」都不一樣，而「麼」這個漢字則差別在「聲調」的部分，爲何會產生這樣的差異性，這個問題留待第六章第一節予以討論。

　　2.「滿」字聲母變體

表 3-1-3：「m」與「b」的變體關係（2）

【漢字】我此滿適々在要出去
【日譯】わたくしは今丁度外出しようとする所です
【中譯】我現在正要出去
【日音】ゴアノ＿チッ＼モアb＿ツウ｜ツウ｜チッ＼べエノ＿ツ・ッ＿ク・ウ＼
【羅音】goa2-jit8-moa2-tu7-tu7-tit8-be2-chut4-khu3；góa-jit-móa-tū-tū-tit-bé-chut-khù

　　由上表所列的例子，可以看出「滿」這個字的日本語發音爲「モアb」，相當於羅馬拼音「moa2；móa」，但是「彙音寶鑑」的注記則是「boa2；bóa」，由此可以看出「m」與「b」共通之處。

　　3.「門」字聲母變體

表 3-1-4：「m」與「b」的通用性（3）

【漢字】門口有掛門牌在得
【日譯】門口に名札が掛けてあります
【中譯】門口掛著門牌
【日音】ムンq＿カ・ウノ＿ウウ｜クイノ＿ムンq＿パイ＿ツウ｜レエ＼
【羅音】mng3-khau2-uu3-kui2- mng3-pai5-tu7-le3；m̀ng-kháu-ùu-kúi- m̀ng-pâi-tū-lè

　　上表所列的「門」字，日本語的聲母注記爲「ム」，相當於「m」的發音，但是「彙音寶鑑」的注記則是「bng5；bn̂g」，可以看出聲母是「b」的發音，由此可以看出「m」與「b」共通之處。

　　另外，書中將「門口有掛」的日本語發音注記為「ムンᵍ_カ・ウ✓_ウ
ウ〕_クイ✓」，念起來好像是「門口有鬼」，如果日本人照這樣念出來的話，
一定會嚇死臺灣人，而鬧出笑話或是造成一些誤解，筆者以為應該將「掛」
這個字的「クイ✓」發音，改為「クア✓」才是正確的發音。

　　由上述所舉的一些例子，雖然可以證明「m」與「b」的發音，有一些共
通之處，是屬於自由變體的音位。但是也有無法達到共通或相等的情形，例
如「密」這個漢字，日本語的發音一定是「バッꝹ」，「バ」的聲母相當於「b」
的發音，無論在什麼樣的情形，不可能會變成「ム」（m）的發音。

（二）「n」與「l」的變體關係

　　依據臺灣總督府《臺灣語教科書》的內容資料，將有關「l」與「n」的聲
母發音例句以表格呈現如下：

1.「二」字聲母變體

表 3-1-5：「n」與「l」的通用性（1）

【漢字】錢四脚人二脚
【日譯】錢ノ無クなり易ィ意
【中譯】人永遠追不上錢的脚步
【日音】チィ✓_シィ〕_カ・ア_ラン〔_ヌン〕_カ・ア
【羅音】chinn5_si3_kha1_lang5_nng7_kha1；chîⁿ_sì_kha_lâng_nñg_kha

　　上列表格中的例句「錢四脚人二脚」的「二」這個漢字，書中的日本語
五十音將它拼注為「ヌン〕」的音，相當於羅馬拼音「nng7；nñg」的音，但
是這個漢字在臺灣語有時也會拼成「lonn7；lōⁿ」的音，與上述的「卵」字一
樣，其中的聲母產生了「n」與「l」的差異，既然是臺灣語教科書，最好將兩
種不同的發音習慣都予以說明，能提供學習者在日常生活的對話中，更加適
應臺灣社會的各個層面的語音。

2.「量」字聲母變體

表 3-1-6：「n」與「l」的通用性（2）

【漢字】一人主張不值二人思量
【日譯】三人寄れバ文殊ノ智恵

【中譯】	三個臭皮匠勝過一個諸葛亮
【日音】	チッ﹨_ラン ⟨_ッウ／_チウ﹨_ム﹨_タッ﹨_ヌン﹨_ラン⟨_スウ_ニウ⟨
【羅音】	chit8_lang5_chu2_tiunn1_m7_tat8_nng7_ lang5_su1_niunn5； chit_lâng_chú_tiuⁿ_m̄_tåt_nñg_ lâng_su_niûⁿ

以上所列的例句中，「量」這個漢字書中的日本語五十音拼注為「ニウ⟨」，相當於羅馬拼音「niunn5；niû」的音，但是依據臺灣語羅馬拼音的規則，「量」這個漢字是拼成「liunn5；li ûⁿ」的音，也就是出現了「n」與「l」的差別。但是在日常口語對話的時候，多半還是會發出「n」的聲音，而說成「niunn5；niûⁿ」的音，在這裏出現了拼音規則與實際發音的不一致問題，由此可見，教科書中的拼音方式或是語法形式，不太重視羅馬拼音的規則與用法，而比較趨向於日常對話的口音與習慣用語訓練。

3.「鬧」字聲母變體

表3-1-7：「n」與「l」的通用性（3）

漢　字	日　譯	中　譯	日　音	羅　音
鬧熱	賑やか	熱鬧	ナウ｜_レッ﹨	nau7-let8

以上所列「鬧」這個漢字，書中的日本語五十音拼注為「ナウ｜」，相當於羅馬拼音「nau7；nāu」的音，但是依據臺灣語羅馬拼音的規則，「鬧」這個漢字是拼成「l au7；l āu」的音，也就是出現了「n」與「l」的差別。

4.「軟」字聲母變體

表3-1-8：「n」與「l」的通用性（4）

漢　字	日　譯	中　譯	日　音	羅　音
軟手	弱い	手軟	ヌン／_チウ／	nng2-chiu2

以上所列「軟」這個漢字，書中的日本語五十音拼注為「ヌン／」，相當於羅馬拼音「nng2」，但是依據臺灣語羅馬拼音的規則，「軟」是拼成「l ng2」的音，出現了「n」與「l」的變體差別。

綜觀上述所舉的一些例子，雖然可以證明「n」與「l」的發音，有一些共通之處，但是有時也無法達到完全相等的情形，例如「批囊」的「囊」這個

漢字，日本語的發音一定是「ロン{」，聲母「ロ」相當於「l」的發音，永遠都不可能會變成「ヌ」（n）的發音。

二、後字聲母變化

臺灣語在兩個以上的詞彙連續使用時，會產生音韻上的諸多變化，其中有關聲母部分的變化，就是後面的字為了與前字做音韻上的連結，以至於產生了後字聲母的變化，這一方面是由於說話的速度加快，另一方面是為了使語言更加流暢而導致的結果。依據臺灣總督府所編《臺灣語教科書》內容中，就產生了這樣的音韻變化，先將書中例句以表格呈現如下：

（一）此號與彼號

表 3-1-9：後字聲母變化（1）

問	【漢字】此號不是書是甚貨	
	【日譯】コレハ書物デナクテ何デスカ	
	【中譯】這不是書是甚麼呢	
	【日音】チッ╭_ホヲ│_ムｻ_シィ│_ッウ_シィ│_シアб_ヘエ╮	
	【羅音】chit4_ho7_m7_si7_chu1_si7_siann2_he3； chit_hō_m̄_sī_chu_sī_siáⁿ_hè	
答	【漢字】彼號是簿仔	
	【日譯】ソレハ帳面デス	
	【中譯】那是簿子	
	【日音】ヒッ╭_ホヲ│_シィ│_ポ・オ│_ア╱	
	【羅音】hit4_ho7_si7_phoo7_a2；hit_hō_sī_phōo_á	

例句「此號」與「彼號」，書中日本音注本音注記為「チッ╭_ホヲ│」與「ヒッ╭_ホヲ│」，相當於羅馬拼音「chit4_ho7；chit_hō」與「hit4_ho7；hit_hō」的音。反觀師範學校的例句，列表呈現入下：

表 3-1-10：後字聲母變化（2）

【漢字】此號是不是書
【日譯】コレハ書デスカ
【中譯】這是不是書呢

【日音】	チッ↗_ロヲ｜_シィ｜_ムゖ_シィ｜_ツウ
【羅音】	chit4_lo7_si7_m7_si7_chu1；chit_lō_sī_m̄_sī_chu

由上表可以看出師範學校的教科書將「這號」發成「チッ↗_ロヲ｜」的音，相當於「chit4_lo7；chit_lō」的發音，恰恰符合日常生活所使用的口語。有關警察體系與師範體系發音的不同，本文將在第六章第一節會進一步詳細說明。一般而言，臺灣語的口語通常會將前一字「這」的促音「t」與後一字「號」的促音「h」連起來說成「chit4_lo7；chit_lō」的音，口語中少了「h」的音，且似乎稍稍有多出了「l」音的傾向，這也是屬於「音便」的種類，學習臺灣語的日本人如果沒有經過長時期的薰陶與口語練習，則很難掌握其中的連音技巧，這也是造成學習臺灣語的困境之一。

表 3-1-11：後字聲母變化（3）

【漢字】	彼號蛇傳彼號卵
【日譯】	蛙ノ子ハ蛙ニナル
【中譯】	有其父必有其子
【日音】	ヒッ↗_ホヲ｜_ソァ⸝_ト・アヌ⸝_ヒッ↗_ホヲ｜_ヌンゖ
【羅音】	hit4_hō7_choa5_thoan5_ hit4_hō7_nng7；hit_hō_chôa_thôan_hit_hō_nng

臺灣俚諺「彼號蛇傳彼號卵」，除了上述「彼號」會產生後字聲母變化的問題之外，「卵」字在書中日本語五十音拼注為「ヌンゖ」的音，相當於羅馬拼音「nng7；nng」的音，而依據「彙音寶鑑」的注記是「lng7；lng」的音，但是我們日常生活會話中幾乎都趨向於念「nng7；nng」的音，這可能是受到語尾「ng」鼻音的影響，因此將前面的聲母也念成「n」的鼻音，這與日本語的「音便」有一些類似的情況。

（二）着若多錢

表 3-1-12：後字聲母變化（4）

問	【漢字】	着若多錢
	【日譯】	イクラカカリマスカ
	【中譯】	需要花費多少錢
	【日音】	チヲ↘_ロア｜_ソエ｜_チイ↙

	【羅音】tioh8_loa7_choe7_chinn5；tio̍h_lōa_choē_chîⁿ	
答	【漢字】免六七十元	
	【日譯】六七十圓ハカカリマセン	
	【中譯】花費不到六七十元	
	【日音】ビエヌ＿ラク＿チ・ツ＿サフ＿コ・オ	
	【羅音】ben2_loa7_choe7_chinn5；bén_lōa_chōe_chîⁿ	

例句「着若多錢」的「若」字，書中日本語拼音為「ロア｜」，相當於羅馬拼音「loa7；lōa」的音，有點像「賴」發音，而這個漢字在《彙音寶鑑》中拼成「goa7；gōa」的音，但在日常生活中，「loa7」與「goa7」的音同時存在，當說話者在使用「若多」這個詞彙時，可能會由於前字韻尾的影響，而產生各種「音便」的變化，而

這也或許是屬於地域性或時代性所產生的差異。

（三）一　個

表 3-1-13：後字聲母變化（5）

漢　字	日　譯	中　譯	日　音	羅　音
一個	一つ	一個	チイッ＼レエ	jit8-le5；jit-lê

上述例句「一個」的「個」字，書中日本語拼音為「レエ」，相當於羅馬拼音「le5」，這個漢字原本應該拼成「e5」，很明顯地，在這裏多了一個「l」的聲母，這是因為受到前面漢字韻尾發音的影響，「一」字的韻尾發音是「t」的舌尖音，很自然地，影響了後面「個」字的開頭發音。

（四）沒使得

表 3-1-14：後字聲母變化（6）

漢　字	日　譯	中　譯	日　音	羅　音
沒使得	できません	不可以	ベエ｜サイ／レエ	be7-sai2-le3

上述例句「沒使得」的「得」字，書中日本語拼音為「レエ」，相當於羅馬拼音「le3」，聲母是「l」的發音，而這個字原本的發音是「tit」，例如「得到」一詞的「得」字，由於是開頭的字，就不會改變讀音，但是「沒使得」

的「得」字，或是前面例句「門口有掛門牌在得」的「得」字，都是發成「le3」的音，聲母改變爲「l」的發音。

綜觀上述後字聲母的變化，反觀日本語的發音，同樣存在著一些變化，例如表示「住一晚」的日本語「一泊」，發音是「いっぱく」，相當於羅馬拼音「it-pa-ku」，

「泊」的聲母是「p」。但是如果「住兩晚」的日本語「二泊」，發音則變爲「にはく」，相當於羅馬拼音「ni-ha-ku」，「泊」的聲母是「h」，由於前面所接的字不同，就會產生不同的發音。另外，表示「前輩」的日本語「先輩」，發音爲「せんぱい」，相當於羅馬拼音「se-n-pa-i」，「輩」的聲母是「p」。但是如果表示「後輩」的日本語「後輩」，發音爲「こうはい」，相當於羅馬拼音「ko-o-ha-i」，「輩」的聲母則變爲「h」，由此可見，由於前面所接的字不同，就會產生不同的發音。雖然日本語也有後字聲母變化的情形，但是臺灣語的後字聲母變化規則與日本語不一樣，當日本人在學習臺灣語時，無法將自己母語的發音，直接予以對應，所以還是存在著一些困境。

三、特殊聲母符號

（一）附加「－」的符號

1、サ音

利用「サ」加上「－」的符號，使得原本發成「sa」的音，變成了發「cha」的音，用以彌補日本語發音的不足之處。在《新選臺灣語教科書》中說明：「這個符號假名是『ッ』與『ア』的結合音。」〔註4〕如此一來，這個拼音符號就相當於臺灣語羅馬拼音「cha」的發音，可以對應很多原本日本語所沒有的發音，例如例字中的「知」拼成「サィ」（chai1）；「十」拼成「サブ丶」（chap8）；「早」拼成「サァノ」（cha2）；「財」拼成「サィ乀」（chai5）等。現在將臺灣總督府所編的《臺灣語教科書》中，有關「サ」的特殊符號用例字，以表格的方式呈現並說明如下：

〔註4〕張耀堂《新選臺灣語教科書》，頁17。（筆者譯）

表 3-1-15：「サ̄」符號假名舉例

漢　字	臺灣語羅馬拼音	日本語拼音
知	ˋchai1；chai	サ̄ィ
田	chhan5；chhân	サ̄・ンＣ
早	cha2；chá	サ̄ァ╱
財	chai5；châi	サ̄ィＣ
十	chap8；cha̍p	サ̄ブ

　　由以上的表格可以看出日本語「サ」的符號，是用來對應臺灣語羅馬拼音「cha」的發音，原本「サ」是發出「sa」（ㄙㄚ）的音，在符號上方加了一條橫線，就變成「cha」（ㄗㄚ）的發音，如果再加上一個小圓點，又變成了「chha」（ㄘㄚ）的出氣音了。

　　2、チ̄音

　　利用「チ」加上「—」的符號，使得原本發成「chhi」的音，變成了發「ti」的音，用以彌補日本語發音的不足之處。在師範學校《新選臺灣語教科書》中說明：「這個符號假名是『テ』與『ィ』的結合音。」〔註5〕如此一來，這個拼音符號就相當於臺灣語羅馬拼音「ti」的發音，可以對應很多原本日本語所沒有的發音。現在將有關「チ̄」的特殊符號用表格舉例說明如下：

表 3-1-16：「チ̄」符號假名舉例

漢　字	臺灣語羅馬拼音	日本語拼音
豬	ti1；ti	チ̄ィ
着	tioh8；tio̍h	チ̄ヲ丶
池	ti5；tî	チ̄ィＣ
稻	tiu7；tiū	チ̄ウ|
中	tiong1；tiong	チ̄オン

　　除了師範學校的教科書之外，臺灣總督府《臺灣語教科書》有關「チ̄」的符號也產生了一些問題，將例句列表說明如下：

〔註5〕張耀堂《新選臺灣語教科書》，頁17。（筆者譯）

表3-1-17：「 $\overline{\mathcal{F}}$ 」符號假名舉例

問	【漢字】伊大姊在何位
	【日譯】彼ノ姉樣ハ何處二居リマスカ
	【中譯】他們大姊在哪裡
	【日音】ィヌ_トァ|_チィ╱_チィ|_トォ╱_ゥィ|
	【羅音】in1_toa7_ti2_ti7_too2_ui7；in_tōa_tí_tī_tóo_ūi
答	【漢字】伊在房間在梳頭
	【日譯】彼女ハ部屋デ髮を結ッテキマス
	【中譯】她在房間梳頭
	【日音】ィ_チィ|_パン╵_キエン_テエ╵_ソエ_タ・ゥ╵
	【羅音】i1_ti7_pang5_keng1_teh4_soe1_thau5；i_tī_pâng_keng_teh_soe_thâu

　　例句的漢字「大姊」拼成「 $\overline{\mathcal{F}}$ ィ╱」，相當於羅馬拼音「ti2；tí」的音，「チ」的符號拼成「chi」的音，爲了彌補日本語在拼音上的不足，因此在符號上多加了一個「一」的符號，來代表「ti」的發音，在這裏可能是筆誤，應該將「一」的符號除去，改成「チィ╱」的注記符號，相當於羅馬拼音「chi2；chí」的音，才能對應這個詞的臺灣語拼音。

　　3、 $\overline{\mathcal{Y}}$ 音

　　依據總督府《臺灣語教科書》的解釋：「 $\overline{\mathcal{Y}}$ 的發音相當於トゥ與ツゥ中間的發音。」〔註6〕也就是相當於羅馬拼音「tu」的發音，現在就按照教科書中有關「ツ音」的特殊符號的漢字與發音舉例，分別列出表格說明如下：

表3-1-18： $\overline{\mathcal{Y}}$ 音舉例

漢　字	日本語五十音拼音	臺灣語羅馬拼音
對	$\overline{\mathcal{Y}}$ ィ╵	tui2；túi
株	$\overline{\mathcal{Y}}$ ゥ	tu1；tu
鈍	$\overline{\mathcal{Y}}$ ヌ	tun1；tun
當	$\overline{\mathcal{Y}}$ ン₆	tungnn1；tungⁿ
屯	$\overline{\mathcal{Y}}$ ヌ╵	tun7；tūn

〔註6〕臺灣總督府《臺灣語教科書》，頁9。（筆者譯）

「ツ」的發音介於「thu」「chhu」之間的聲音，發成「tu」的音，例字中的「當」字，日本語五十音拼成「ッン╭」，相當於臺灣語羅馬拼音「tungnn1；tungⁿ」

在這裏由於多了一個「╭」的聲調符號，因此多了一個「nn」的鼻音。「當」這個漢字如果是白音的話，應該拼成「tng1；tng」的音；如果是文音的話，則有兩種念法與意義，如果讀成「tong1；tong」的話，代表合理、承擔的意思；如果讀成「tong3；tòng」的話，則表示妥當、相當的意思。無論是「tng1；tng」或「tong1；tong」的發音，都應該是「ng」的鼻音收尾，而不該有「nn」的鼻音產生，因此「╭」的聲調符號應該刪除。

另外，依據師範學校《新選臺灣語教科書》的說明：利用「ツ」加上「ー」的符號，使得原本發成「chhu」的音，變成了發「tu」的音，用以彌補日本語發音的不足之處。

4、セ音

依據總督府《臺灣語教科書》的解釋：「セ的發音相當於ッエ音的發音。」〔註7〕也就是相當於羅馬拼音「che」的發音，現在就按照教科書中有關「セ音」的特殊符號的漢字與發音舉例，分別列出表格說明如下：

表3-1-19：セ音舉例

漢　字	日本語五十音拼音	臺灣語羅馬拼音
這	セエ	che1；che
制	セエ﹚	che3；chè
坐	セエ｜	che7；chē
差	セ・エ	chhe1；chhe
節	セエ✦	cheh4；cheh

由上表所列的例字中，可以看出一些問題，例如「這」這個漢字，日本語五十音拼成「セエ」，相當於臺灣語羅馬拼音「che1；che」的音，但是依據臺灣語羅馬拼音的讀法應該是「che2；ché」的音，在這裏出現了聲調上的錯誤，也就是將第 2 聲調誤寫爲第 1 聲調。這種錯誤有可能是純粹的筆誤，但也有可能是由於轉調習慣所造成的錯誤，因爲臺灣語的轉調規則中，第 2 聲

調要連接下一個字成為一個詞的時候，會轉變成第1聲調。

另外還有「差」這個漢字，日本語五十音拼成「セ・エ」，相當於臺灣語羅馬拼音「chhe1；chhe」的音，依據「差」的臺灣語念法有白音和文音的分別，如果是白音的話，應該念成「chha1；chha」的音，表示不同的意思；如果是文音的話，則有兩種不同的發音與意義，當念成「chhe1；chhe」的時候，表示錯誤、不相等、差使等意義；而當念成「chhi1；chhi」的時候，則表示參差不齊的意思。書中所注記的「セ・エ」發音，是用來表示錯誤、不相等、差使等意義，屬於文音「chhe1；chhe」的發音，因此在這裏又出現了「文白夾雜」的不恰當現象。

最後還有「節」這個漢字，日本語五十音拼成「セエ'」，相當於臺灣語羅馬拼音「cheh4；cheh」的音，但是依據臺灣語羅馬拼音的讀法，「節」這個漢字有好幾種讀法，如果是白音的話，念成「chat4；chat」；如果是文音的話，則念成「chiat4；chiat」的音，尾音是停頓在「t」的舌尖促音上，而不是書中所注記的「h」的母音促音。

5、ソ音

依據總督府《臺灣語教科書》的解釋：「這個音相當於發出ッオ的音。」〔註8〕也就是相當於羅馬拼音「choo」的發音，現在就按照教科書中有關「ソ音」的特殊符號的漢字與發音舉例，分別列出表格說明如下：

表3-20：ソ音舉例

漢　字	日本語五十音拼音	臺灣語羅馬拼音
紙	ソァ／	chooa2；chóoa
傳	ソァヌ	ch00an1；ch00an
做	ソエ〳	che3；chè
多	ソエ｜	che7；chē
蛇	ソァ〱	chooa5；chôoa

由上表所列的例字中，可以看出一些問題，例如「紙」這個漢字，日本語五十音拼成「ソァ／」，相當於臺灣語羅馬拼音「chooa2；chóoa」的音，但是臺灣語「紙」這個漢字，應該拼成「ソウァ／」，也就是「choa2；chóoa」

〔註8〕臺灣總督府《臺灣語教科書》，頁9。（筆者譯）

的音才對，書中將「ウァ」的音誤拼成「オァ」的音，這中間的誤差在於「u」與「oo」的問題。同樣的問題也發生在「蛇」這個漢字上，日本語五十音拼成「ソァ◖」，相當於臺灣語羅馬拼音「chooa5；chôoa」的音，但是臺灣語「蛇」這個漢字應該拼成「choa5；chôa」的音，問題也是出現在「u」與「oo」的發音，因為「ソ」本身就有「oo」的發音成分，因此很難轉變成「u」的音，除非再加上一個「ウ」的符號，來對應「u」的發音。

另外，「傳」這個漢字，書中的日本語五十音拼成「ソァヌ」，相當於臺灣語羅馬拼音「chooan1；chooan」的音，但是臺灣語「紙」這個漢字有幾種讀法，如果是白音的話，應該拼成「thng5；thŋg」，表示傳法、傳道的意思；如果是文音的話，則應該拼成「thoan5；thôan」，用來表示傳授、繼續的意思；同樣是文音的讀法，如果要表示經傳的意思，則必須念成「toan7；tōan」的音。無論上述哪一種念法，都不應該拼成「chooan1；chooan」的音，很顯然這是一個拼音上的錯誤。

最後還有「做」這個漢字，書中的日本語五十音拼成「ソエ◗」，相當於臺灣語羅馬拼音「che3；chè」的音，但是臺灣語「做」這個漢字，如果是白音的話，應該拼成「cho3；chò」〔註9〕的音，如果是文音的話，則應該拼成「choo3；chòo」的音，與書中的拼音有一些落差。如果是屬於地域性的腔調，例如漳州與泉州的腔調分別，則應該詳為說明。

（二）出氣音「‧」的符號

依據教科書對「出氣音」的解釋是說：「出氣音又稱為有氣音，發音的時候噴出很強烈的口氣，相當於五十音中的カ行、タ行、パ行、ザ行的發音。」〔註10〕現在依據書中所舉的練習列表格說明之。

1、カ行出氣音

所謂「カ行出氣音」就是依據日本語五十音的「か」、「キ」、「ク」、「ケ」、「コ」來對應臺灣語「ka」、「ki」、「ku」、「ke」、「ko」的發音，而為了發出帶有氣體的聲音，於是再加上一個「．」的符號，就相當於羅馬拼音「kha」、「khi」、「khu」、「khe」、「khoo；kho‧」的發音，只要再配合一個韻母與聲調即可構成完整的拼音符號。

〔註9〕 「做」的拼音有區域性的分別，如果是廈門音或泉州音的話，拼音為「chue3；chùe」而漳州音則拼為「cho3；chò」的發音。

〔註10〕 臺灣總督府《臺灣語教科書》，頁4。（筆者譯）

表 3-1-21：ㄊ行出氣音

漢　字	日本語拼音	臺灣語羅馬拼音
脚	カ．ア	kha
欺	キ．ィ	khi
邱	ク．ゥ	khu
稽	ヶ．エ	khe
箍	コ．オ	kho・

　　以上表格所列的有氣音符號，是以日本語五十音「清音」系統當中的「カ行」當做聲母，再加上一個「．」符號來代表有氣音，以及「ア」、「ィ」、「ゥ」、「エ」、「オ」做為韻母符號，因此產生了「か．ア」、「キ．ィ」、「ク．ゥ」、「ヶ．エ」、「コ．オ」的符號，用來對應臺灣語羅馬拼音「kha」、「khi」、「khu」、「khe」、「kho・」的發音，用以拼讀臺灣語「脚」、「欺」、「邱」、「稽」、「箍」等漢字。

　　2、ㄊ行出氣音

　　所謂「ㄊ行出氣音」就是依據日本語五十音的「ㄊ」、「チ」、「ッ」、「テ」、「ト」來對應臺灣語「t」的發音，而為了發出帶有氣體的聲音，於是再加上一個「．」的符號，就相當於羅馬拼音「th」的發音，只要再配合一個韻母與聲調即可構成完整的拼音符號。

表 3-1-22：ㄊ行出氣音（1）

漢　字	日本語拼音	臺灣語羅馬拼音
他	ㄊ．ア	tha
腮	チ．ィ	chhi
虫+且	ッ．ゥ	chhu
担	テ．エ	the
偷	ト．オ	tho・

　　以上表格所列的有氣音符號，是以日本語五十音「清音」系統當中的「ㄊ行」當做聲母，再加上一個「．」符號來代表有氣音，以及「ア」、「ィ」、「ゥ」、「エ」、「オ」做為韻母符號，因此產生了「ㄊ．ア」、「チ．ィ」、「ッ．ゥ」、「テ．エ」、「ト．オ」的符號，用來對應拼讀臺灣語「他」、「腮」、「虫

＋且」、「担」、「偷」等漢字。

表 3-1-23：タ行出氣音（2）

【漢字】能曉偷食沒曉拭嘴
【日譯】頭隠クシテ尻隠クサズ
【中譯】吃相難看
【日音】ヲエ｜ヒアウ／タ・ウ＿チ・ア＼ボエ｜ヒアウ／チ・ッ｜シ・イ＼
【羅音】oe7_hiau2_thau1_chhiah8_boe7_hiau2_chhit4_chhi3； ōe_hiáu_thau_chhiàh_bōe_hiáu_chhit_chhì

　　例句「偷食」的「食」字，書中拼成「チ・ア＼」的音，在拼音中多加了一個「・」符號，表示「有氣音」的字，相當於羅馬拼音「chhiah8；chhiàh」的音，但是這個漢字並非有氣音，而是普通的常音，正確的拼音是「chiah8；chiàh」才對。

　　另外，師範學校《新選臺灣語教科書》的例句當中，也有一些拼音注記的問題，例句「在創甚貨」的「在」這個漢字，書中的日本語五十音注記爲「チイ」，相當於羅馬拼音「chi1；chi」，但是這個漢字的聲母應該拼成「t」的音才對，也就是「ti1；ti」的發音，由於日本語沒有「ti」的發音，爲了要拼出「ti」的發音，特地設計了在字母頭上話一道「－」的符號來做注記，在這裏書中缺少了一個「－」的符號，應該改成「チ̄イ」。

　　3、パ行出氣音

　　所謂「パ行出氣音」就是依據日本語五十音中「半濁音」的「パ」、「ピ」、「プ」、「ペ」、「ポ」來對應臺灣語「pa」、「pi」、「pu」、「pe」、「poo」的發音，而爲了發出帶有氣體的聲音，於是再加上一個「・」的符號，就相當於羅馬拼音「pha」、「phi」、「phu」、「phe」、「pho・」的發音，只要再配合一個韻母與聲調即可構成完整的拼音符號。現在依據臺灣總督府《臺灣語教科書》的例子列表說明如下。

表 3-1-24：パ行出氣音

漢　字	日本語拼音	臺灣語羅馬拼音
抛	パ・ア	pha
披	ピ・イ	phi

浮	プ．ウ	phu
胚	ペ．エ	phe
舖	ポ．オ	pho‧

　　以上所列表格中的例字「拋」這個漢字，本身就有一些不同的拼音方式，而教科書只以「pha」的發音來做練習時，恐怕會讓學習者產生一些困惑，而不容易分辨不同發音將會產生不同意義的「拋」〔註11〕字。

　　還有「浮」這個漢字，書中拼成「プ．ウ」，相當於羅馬拼音「phu」的發音，但是這個字應該是念成第5聲調「プ．ウ⌇」，相當於「phu5；phû」才對，顯然在書中遺漏了聲調的符號。又如「胚」這個漢字，書中拼成「ペ．エ」，相當於羅馬拼音「phe」的音，但是這個字的拼音應該是「phoe」，顯然遺漏了「o」的中介音。

表3-1-25：パ行出氣音

【漢字】鷄卵密密亦有縫
【日譯】惡事ハ幾何程内密ニシテモ露レル
【中譯】法網恢恢疏而不漏
【日音】コエ＿ヌン▶バツ﹅バツ﹅ィァ▶ウ｜パ・ン｜
【羅音】koe1_nng7_bat8_bat8_iann7_u7_phang7；koe_nng_bat_bat_iāⁿ_ū_phāng

　　臺灣俚諺「鷄卵密密亦有縫」的「縫」這個漢字，書中的日本語五十音都將它拼注爲「パ・ン｜」，相當於羅馬拼音「phang7；phāng」的音，但是日本語五十音中的「パ」這個半濁音，其發音就相當於羅馬拼音「pha」的發音，這個符號本身就具有「出氣音」的成分，其實不須再加一個「‧」的符號。

　　依據師範學校《新選臺灣語教科書》的例句，「寶貝」的日本語讀音拼注爲「ポヲ✓-ポエ╲」，相當於臺灣語羅馬拼音「Po2-poe3；Pó-pòe」，在這裏的聲母也出了一點問題，日本語的「ポ」，相當於「ㄆㄛ」的發音，而臺灣語的「P」則相當於「ㄅㄛ」的發音，因此這個字在「聲母」和「韻母」上都出了

〔註11〕「拋」字有「pha1」、「phau1」、「poa5」三種發音：當念成「pha」的發音時，有「撒出」的意思，如「拋網」；有「停止」的意思，如「拋船」；有「翻滾」的意思，如「拋車輪」等。當念成「phau」的發音時，是文音的讀法，如「拋妻離子」、「拋繡球」等。參考董忠司總編《臺灣閩南語辭典》。另外，沈富進《彙音寶鑑》還有「poa5」的發音時，相當於拼命的「拚」字，如「拋性命」、「拋感情」等。

問題，若使用日語拼音的「ポフ」來讀「寶」這個字的話，就會唸出類似「孵」的發音。有關送氣與不送氣的發音問題，事實上，日本語五十音當中的「清音」部分：「カ」、「キ」、「ク」、「ケ」、「コ」的發音，本身就具有「送氣音」或「有氣音」的成分，可以用來對應臺灣語羅馬拼音「kha」、「khi」、「khu」、「khe」、「kho‧」的發音，因此在拼讀臺灣語的有氣音時，根本不需要另外加一個「‧」的符號來代表有氣音。相反地，如果要拼讀臺灣語的常音時，也就是沒有發出氣體的聲音時，則比較棘手，因為日本語的發音當中，沒有可以對應的拼音符號，如果要找比較接近的類似音，則應該可以使用日本語五十音當中的「濁音」來拼讀，也就是在拼音符號的右上方加上一個「゛」的符號來代表，而變成了「ガ」、「ギ」、「グ」、「ゲ」、「ゴ」這樣的拼音符號，應該會比原來的拼音符號更為恰當。

　　4、オ行出氣音

　　　所謂「オ行出氣音」就是利用日本語五十音「サ行」中的「サ」、「セ」、「ソ」字，再於五十音的頭頂加上「一」的符號，而在五十音的右側加上「．」的符號，來對應臺灣語「chha」、「chhe」、「chhoo」的發音；又利用「タ行」中的「チ」、「ツ」字，再加上頭頂的「一」與右側的「．」符號，來對應臺灣語「thi」、「thu」的發音。現在就以表格的方式將「オ行出氣音」的例字羅列說明如下：

表 3-1-26：オ行出氣音

漢　字	日本語拼音	臺灣語羅馬拼音
差	サ̄．ァ	chha
展	チ̄．ィ	thi
儲	ツ̄．ウ	thu
妻	セ̄．エ	chhe
粗	ソ̄．オ	chho‧

　　　以上所列表格中的例字，出現了一些錯誤的拼音，例如「展」這個漢字，拼音符號注記為「チ̄．ィ」，相當於羅馬拼音「thi」的發音，但是這個漢字正確的拼音應該是「tian2；tián」，顯然是拼音上的錯誤。如果要舉聲母發做「th」的音做說明與練習的話，可以舉其他的漢字，例如「銩」或「儲」之類的漢字，都是拼做「thi」的發音。

綜觀上述「出氣音」的部分，日本語五十音「清音」當中的「カ」、「キ」、「ク」、「ケ」、「コ」的發音，本身就具有「送氣音」或「有氣音」的成分，可以用來對應臺灣語羅馬拼音「kha」、「khi」、「khu」、「khe」、「kho‧」的發音。另外，以「田」這個字為例，此漢字的臺灣語羅馬拼音是屬於「有氣音」，發成「chhann5」的音，在師範學校《新選臺灣語教科書》中為了表達這種有氣音的發音，特別在「サ」的符號後面再加上一個「‧」的符號，其實這是多此一舉的作法，日本語的發音本身就具有送氣的成分，誠如前述，「ツ」本身就具有送氣的發音，何必在此又設計一個送氣的符號來干擾學習者呢？筆者以為如果要注記「田」這個漢字的拼音，可以直接利用日本語原來的五十音，拼成「ツアン◝」的符號，發出來的音恰恰可以完全吻合「chhann5」的發音，而學習者無論是以日本語為母語的日本人，或是在學校受過正統日本語訓練的臺灣人，看到這個符號都能一目了然，立刻拼出正確的發音來，不須再學習另一套拼音符號。因此在拼讀臺灣語的有氣音時，根本不需要另外加一個「‧」的符號來代表有氣音。由此可見，利用日本語五十音來拼注臺灣語的拼音，由於兩種語言系統的根本不同，造成一些無法對應的困難之處。

第二節　韻　母

臺灣語的韻母含有六個元音音位，分別是 i、e、a、oo、o、u；以及七個韻尾輔音，分別是 p、t、k、q、m、n、ng，其中鼻音佔有三個，也就是「m」、「n」、「ng」，再加上純鼻音「nn」的用法共有四個；而促音則有「p」、「t」、「k」三個，再加上喉頭促音「h」。反觀日本語的發音系統，對應「a」的發音是「あ」；對應「i」的發音是「い」；對應「u」的發音是「う」；對應「e」的發音是「え」；對應「o」的發音是「お」。而複韻母「ai」、「ei」、「au」、「ou」，如果對應於日本語的話，就必須連結兩個韻母才能得到對應，例如「ㄞ」（ai）的日本語發音必須連結「ア」（a）與「イ」（i）兩個音；「ㄟ」（ei）的日本語發音必須連結「エ」（e）與「イ」（i）兩個音；「ㄠ」（au）的日本語發音必須連結「ア」（a）與「ウ」（u）兩個音；「ㄡ」（ou）的日本語發音必須連結「オ」（o）與「ウ」（u）兩個音。由此可見，日本語發音系統中，無法完成對應臺灣語的韻母，現在將日本語與臺灣語所對應的韻母符號列表說明如下：

表3-2-1：韻母符號對照表

元　音		韻尾輔音	
臺灣語	日本語	臺灣語	日本語
i	イ	p	プ
e	エ	t	ツ
a	ア	k	ク
o	ヲ	q（h）喉塞音	◢、﹨等調符代表
oo	オ	m	ム
u	ウ	n	ヌ
		ng	ン
		nn	ꞁ、ꞁ等鼻音調符代表

　　上列表格所舉的韻母當中，日本語語音當中所無法對應的部分，包括有「元音音位」當中的「oo」與「o」、「鼻音」、「促音」三種類別的韻母，因此需要設計特殊符號來注記，現在分別說明如下。

一、元　音

　　為了將臺灣語「oo」與「o」的發音做一區分，特別使用了「オ」與「ヲ」來做代表符號。「オ」是「お」的片假名寫法，發成「oo」的聲音，而「ヲ」則是屬於「舊五十音」的注記方式，這個符號相當於現代五十音的「を」字，也是發做「oo」的聲音。以現代日本語的新五十音來說，「を」這個字是代表承接在「他動詞」之前的助詞，由於日本語缺乏「o」的發音，也就是相當於「ㄛ」的發音，無論是「オ」或是助詞「ヲ」這兩個符號，原本都是發做「oo」的音，也就是相當於「ㄜ」的發音。日本人在編制臺灣語教科書時，為了因應臺灣語「o」的發音，並與「oo」的發音做一區分，因此將原本同樣發做「oo」的兩個符號「オ」與「ヲ」，分別代表「oo」與「o」的拼音，也就是「オ」發做「oo」的音，而「ヲ」則發做「o」的音。除此之外，元音「イ」（i）與「ウ」（u）兩種發音，有時會隨著地域方言的關係，這而產生一些語尾口音上的變化，因此有時會有相通之處，分別說明如下：

　　（一）オ「oo」

　　依據總督府《臺灣語教科書》的解釋：「張開口腔並稍微緊縮喉嚨的深處

部位所發出的聲音。」〔註12〕也就是相當於羅馬拼音「oo」的發音，現在就按照教科書中有關「才音」的發音舉例，分別列出表格說明如下：

表 3-2-2：才音舉例（1）

漢　字	日本語五十音拼音	臺灣語羅馬拼音
烏	オ	oo1；oo
姑	コオ	koo1；koo
祖	ヅオ╱	choo2；chóo
都	トオ	too1；too
戶	ホオ∣	hoo7；hōo
路	ロオ∣	loo7；lōo
脯	ポオ╱	poo2；póo
虎	ホオ╱	hoo2；hóo
湖	オく	oo5；ôo
芋	オ∣	oo7；ōo

上列表格中的例字「脯」，書中的日本語五十音拼成「ポオ╱」，相當於臺灣語羅馬拼音「poo2；póo」的音，臺灣語「脯」這個漢字，有兩種讀法，以古漢語而言，念成「póo」的音有「菜脯」，表「乾製或醃製的食品」；還有念成「hu2；hú」的音，例如「肉脯」表示「肉鬆」的意思；又如「魚脯」表示「魚鬆」的意思。如果要舉「poo2；póo」這樣的音來做說明與練習的話，還可以選擇其他的漢字，諸如「補」等漢字來對應「poo2；póo」的發音。

表 3-203：才音舉例（2）

漢　　字	此個餅酥酥真好吃
中　　譯	這個餅酥酥脆脆的很好吃
日　　譯	このお菓子がぱりぱりしていて、美味しいよ
日　　音	チイッ∣-レエ く-ピアゟ-ソオ-ソオ-チイン-ホヲ╱-チア＼
羅　　音	chit4-le5-piann2-soo1-soo1-chin1-ho2-chiah8； chit-lê-piáⁿ-soo-soo-chin-hó-chiàh

〔註12〕《臺灣語教科書》，頁9。（筆者譯）

　　上列表格的例句「酥酥」的發音是「ソオ」，韻尾「オ」音相當於臺灣語羅馬拼音的「oo」（ㄛ），而「眞好吃」的「好」發音爲「ホヲ╱」，韻尾「ヲ」音相當於臺灣語羅馬拼音的「o」（ㄜ）。因此在同一個句子中，出現了「oo」與「o」的發音，恰恰能讓學習者做一對照練習，加深印象並提昇分辨的能力，但是在教科書中並沒有特別提出來強調，或是在這方面多做練習題，這是比較可惜的地方。

表 3-2-4：オ音舉例（3）

漢　字	天黑黑撿採會落雨
中　譯	天色很暗可能會下雨
日　譯	空が暗くて雨が降りそうです
日　音	テイb-オ-オ-キアム6-ツアイ╱-エ|-ロヲ╲-ホオ|
羅　音	thinn1-oo1-oo1-kiam2-chai2-e7-loh8-hoo7

　　上列表格的例句「黑」與「雨」的韻尾都是「オ」音，相當於臺灣語羅馬拼音的「oo」（ㄛ）音，而「落」的韻尾則是「ヲ」音，相當於臺灣語羅馬拼音的「o」（ㄜ）。因此在同一個句子中，出現了「oo」與「o」的發音，恰恰能讓學習者做一對照練習。

（二）ヲ「o」

　　依據書中的解釋：「利用口腔的中央部位，縮窄臉頰並以稍尖的唇形發出輕微的聲音。」〔註13〕也就是相當於羅馬拼音「o」的發音，現在就按照教科書中有關「ヲ音」的漢字與發音舉例，分別列出表格說明如下：

表 3-2-5：ヲ音舉例

漢　字	日本語五十音拼音	臺灣語羅馬拼音
窩	ヲ	o1；o
高	コヲ	ko；ko
棗	ヲヲ╱	cho2；chó
刀	トヲ	to1；to

號	ホヲ｜	ho7；hō
襃	ポヲ	po1；po
寶	ポヲ／	po2；pó
好	ホヲ／	ho2；hó
蠔	ヲ乀	o5；ô
冤	ヲァヌ	oan1；oan

　　上列表格中所舉的例字「冤」，書中的日本語五十音拼成「ヲァヌ」，相當於臺灣語羅馬拼音「oan1；oan」的音，「冤」這個漢字的介音是拼成「u」的音，主要元音為「a」，而韻尾是「n」的音，對應日本語五十音的「ヌ」字，而「ヲ」這個符號的設計是專門用來對應臺灣語韻母「o」的音，相當於「さ」的發音，因此在這裏所使用的符號較不恰當，可以將日本語五十音的拼音符合改為「ウァヌ」會更加適合臺灣語的發音。但是「ウ」這個字應該是屬於聲母的符號，並不適合「冤」這個無聲母的漢字，因此在發音上雖然可以相對應，但是終究不能適用於此字，這就是學習上的困境之一。

　　另外，「着」的漢字在臺灣語羅馬拼音是拼成「tioh4」的發音，韻母是「o」，唇形雖然是呈現張開的狀態，但不能開展得太大，必須做出稍微尖窄的唇形，如果將唇形開展得太大，就會變成另一個「oo」的發音。依據現代日本語的五十音來看，對應「oo」的發音可以找到「オ」這個符號，但如果想要對應「o」的發音就找不到符號了，那麼在注記「着」這個臺灣語時，就會產生無法完全吻合的發音。基於這個問題，這本《新選臺灣語教科書》特別以「ヲ」的符號來注記「o」的唇形與發音，並且將「オ」與「ヲ」兩個符號提出來做一比較：

　　　　「オ」是打開口腔，擴張喉嚨較深的地方，發出一種很沉重的聲音
　　　　來。而「ヲ」則是稍微將雙唇做出尖尖的形狀來，發出介於「オ」
　　　　和「ウ」之間的發音，是一種較輕盈的發音。〔註14〕

依據張耀堂在教科書中的說明，就可以知道他是有心要彌補日本語發音當中「o」發聲的缺乏之處，他不僅為此在書中特別開闢的一章做說明，而且還舉出一些有關「オ」與「ヲ」兩個符號的例字做為練習，讓學者更能分辨兩個符號之間的差異性。茲將例字列表呈現出來：

〔註14〕張耀堂《新選臺灣語教科書》，頁18。（筆者譯）

表 3-2-6：「オ」與「ヲ」的例字（1）

「オ」的例字	「ヲ」的例字
姑：コオ（koo1）	哥：コヲ（ko1）
某：ボオ╱（boo2）	稿：コヲ╱（ko2）
素：ソオ⌐（soo3）	奧：オヲ⌐（o3）
湖：オオ〈（oo5）	河：ホヲ〈（ho5）
墓：ボオ│（boo7）	帽：ボヲ│（bo7）

　　由上表「オ」與「ヲ」的例字中，可以看出張耀堂先生特地將同樣聲調的漢字列在一起做比較，例如「姑」與「哥」都是第 1 聲調；「某」與「稿」都是第 2 聲調；「素」與「奧」都是第 3 聲調；「湖」與「河」都是第 5 聲調；「墓」與「帽」都是第 7 聲調，讓學習者可以容易分辨。

　　在《新選臺灣語教科書》的內容中，有關「韻母」的問題也是層出不窮，例如「時鐘」的「鐘」這個字，以日本五十音所拼讀出來的韻母是「エン」，相當於羅馬拼音的「ian」，但臺灣語的韻母則是「eng」，顯然不是完全吻合的發音，若以日本五十音的拼讀方式來唸「鐘」這個漢字的話，「チエン」會變成類似「煎」的漢字。若追溯這種拼音使用不當的原因，則應該是日本語言拼音系統中，找不到和臺灣語拼音系統完全吻合的讀音，所以才會產生這種替代性的讀音。在日本語言「ア、イ、ウ、エ、オ」（a、i、u、e、o）的拼音系統中，並沒有「さ」的發音，因此只好使用「エ」（せ）的發音來做替代，以至於造成將「鐘」唸成了「煎」的不良後果，其錯誤的根源在於兩種語言拼音系統的根本不同。又如「寶貝」這個詞彙，若以日本五十音符號，拼讀出來的韻母分別是「ヲ」和「エ」，先看「寶」這個字，臺灣語的韻母是拼成「o」，大概介於「ㄛ」與「さ」之間的發音，前面提過日本語言的拼音系統中，並沒有「さ」的發音，但是《新選臺灣語教科書》在這裏所使用的替代發音又與上述不同，前面的「鐘」字是以「エ」（せ）的發音來做替代，而現在卻是用「ヲ」來替代，相當於發出「hu」（ㄏㄨ）的發音。

　　除此之外，在書中所舉的例句中，還出現了一些元音誤用的問題，例如「色緻」的「色」這個漢字，日本語五十音拼為「シエク╱」，相當於臺灣語羅馬拼音「siek4；siek」的發音，但是臺灣語發音應該拼成「sik」〔註15〕的音，

〔註15〕　「色」字的發音，沈富進《彙音寶鑑》與董忠司《臺灣閩南語辭典》都注記為「sik4」的發音，但日常生活中多念為「siek」的音。

顯然多出了一個「e」的發音，如果能改為「シィク*」的符號就能對應「sik4」的臺灣語發音。另外還有「竹篙」的「竹」這個漢字，日本語五十音拼為「チエク*」，相當於臺灣語羅馬拼音「tiek4；tiek」的舌根促音，而臺灣語發音應該拼成「tik」﹝註16﹞的音，這裏也是多出了一個「e」的發音，建議改為「チィク*」的符號就能對應「tiek4」的臺灣語發音。又如「帽仔」的語音如下說明：

表3-2-7：「オ」與「ヲ」的例字（2）

問	【漢字】是甚人的帽仔
	【日譯】誰ノ帽子デスカ
	【中譯】是誰的帽子啊
	【日音】シィ｜ シァ𝄐 ラン ᑕ エ ᑕ ボア｜ァ／
	【羅音】si7_siann2_lan5_e5_booa7_a2；sī_siáⁿ_lân_ê_bōoa_á
答	【漢字】是我的帽仔
	【日譯】私ノ帽子デス
	【中譯】是我的帽子
	【日音】シィ｜ ゴア／ エ ᑕ ボア｜ァ／
	【羅音】si7_goa2_e5_booa7_a2；sī_góa_ê_bōoa_á

　　例句「是甚人的帽仔」的「帽仔」，這一個詞彙，書中的日本語五十音將它注記為「ボア｜ァ／」，相當於羅馬拼音「booa7_a2；bōoa_á」。但是「帽」這個漢字的白音應該念成「ボヲ｜」，相當於羅馬拼音「bo7；bō」的音；而文音則是念成「boonn7；bōoⁿ」的音。由此可見書中出現了兩個錯誤，首先是「o」的音誤注為「oo」，類似「さ」的音誤注為「ㄛ」的音，如此一來，「帽仔」就會誤念而變成「模仔」了。

　　書中「在何位」的「何」字，日本語符號拼成「トオ／」，相當於羅馬拼音「too2；tóo」的音，但是這個詞語在臺灣語的拼音應該是「to2_ui7；tó_ūi」，兩者差了一個「o」的音，若是發「oo」的音，唇形比較大而圓，

﹝註16﹞ 「竹」字的發音，廈門話為「tik」，泉州話為「tiak」，現在則多念為「tiek」。依據沈富進《彙音寶鑑》，有文白兩種發音，白音念成「tek4」的發音，而文音則念成「tiok」的發音。另外，董忠司總編的《臺灣閩南語辭典》則是注記成「tik」與「tiok」兩種發音。

相當於華語注音符號「ㄛ」的發音；若是發「o」的音，則唇形比較小而不圓，相當於華語注音符號「ㄜ」的發音，因此這個漢字的日本語五十音拼音符號，若能將「オ」的符號改成「ヲ」來注記的話，就能解決唇形不同的問題。

表 3-2-8：「オ」與「ヲ」的例字（3）

問	【漢字】汝識伊無	
	【日譯】君ハ彼を識ッテキマスカ	
	【中譯】你認識他嗎	
	【日音】リィ／_バツ｜_ィ_ボヲ乀	
	【羅音】li2_bat4_il_bo5；lí_bat_i_bô	
答	【漢字】識、伊是我的朋友	
	【日譯】彼ハ私ノ友達デス	
	【中譯】認識，他是我的朋友	
	【日音】バツ｜、ィ_シィ｜_ゴァ／_エ乀_ピエン乀_ィウ／	
	【羅音】bat4、il_si7_goa2_e5_peng5_iu2；bat、i_sī_góa_ê_pêng_iú	

「汝識伊無」的「無」字，書中日本語的發音拼成「ボヲ乀」，相當於羅馬拼音「bo5；bô」的音，但是這個句子在臺灣語日常會話時會說成「booh4；booh」的音，也就是唇形呈現深圓「ㄛ」的發音，而不是唇形淺圓的「ㄜ」發音，這是日本人編制教材經常性的錯誤。

師範學校例句「我都無聽見」的「都」字，書中的日本語五十音注記為「トオ｜」，相當於羅馬拼音「too7；tōo」的音，這個拼音類似「度」的發音，也就是語尾發出圓唇「ㄛ」的音，而這個漢字的語尾應該發成較扁唇「ㄜ」的音，所以最好將注記符號改成「トヲ｜」，相當於羅馬拼音「to7；tō」的發音，才能對應臺灣語韻母的發音。

（三）「i」與「u」的相通性

元音「i」的日本音注記為「イ」，而「u」則注記為「ウ」，一般而言，臺灣語漳州音的音尾常會帶有「i」的音，而泉州音的音尾則傾向於「u」的音，現在舉警察體系教科書中「汝」字的例句說明如下：

表 3-2-9：警察體系「汝」字例句

【漢字】汝欲自己做生理、也是食頭路	
【日譯】君は獨力で商業を營むか、或は奉職せられますか	
【中譯】你想要自己做生意，還是到別人的公司工作	
【日音】リィ╱_アイ╱_カア|_キィ|_ソエ╱_シエン|_リィ╱、 　　　　イア_シイ_チア_タ・ウ_ロオ|	
【羅音】li2_ai2_ka7_ki7_choe2_seng7_ri2、ia1_si3_chia3_thau3_loo7； 　　　　rú_ái_kā_kī_chóe_sēng_rí、ia_sì_chià_thàu_lōo	

上表所列的「汝」字，警察體系教科書拼注為「リィ╱」，相當於羅馬拼音「li2；lí」的「漳州音」。接下來列出師範體系的例句如下：

表 3-2-10：師範體系「汝」字例句

【漢字】汝識伊無	
【日譯】君ハ彼を識ッテキマスカ	
【中譯】你認識他嗎	
【日音】リウ╱_バツ|_ィ_ボヲ╱	
【羅音】lu2_bat4_i1_bo5；lí_bat_i_bô	

透過上表可以明顯看出師範體系的科書將「汝」這個漢字拼注為「リウ╱」，相當於羅馬拼音「lu2；lú」的「漳州音」。關於警察體系與師範體系拼音的不同之處，第六章第一節會有詳細的分析。

綜觀以上所述有關「元音」的問題，「i」、「e」、「a」、「u」、「oo」都可以找到對應的日本語符號，只有「o」的發音是日本語五十音中所缺乏的，因此利用「オ」的舊五十音「ヲ」來代替，經過長期的使用，學習臺灣語的日本人都養成這種共識，久而久之，自然成為一種慣用的方法，廣泛流通於當時的學習環境中，可是時至今日，過去那種大家約定俗成的方式，卻已成了歷史，早已與現代學習方式脫節了，因此語言教育、學習方法、語音、語義、語形……等問題，都會產生「歷史性」的演變。

二、鼻　音

所謂「鼻音」，依據張燿堂先生的解釋是：「這種發音是透過口腔和鼻腔的協同作用而產生的發音。在國語（日本語）五十音中的な、に、ぬ、ね、

の、ま、み、む、め、も、、ん等，都是屬於這類的鼻音。」〔註17〕有關「鼻音」問題，日本語五十音發出鼻音的符號，只有一個「ン」的符號，但是臺灣語的鼻音卻有「ng」、「n」、「nn」、「m」四種，在前文中曾經提過日本語的發音在其拼音系統中，無法拼出「nn」與「m」的發音，這是兩種語言系統無法完全吻合的缺失。現在《新選臺灣語教科書》在這裏為了要區分「ng」與「n」兩種不同的鼻音，特地用「ン」與「ヌ」兩種符號來辨識，用日本語五十音原有的鼻音「ン」來拼臺灣語「ng」的發音，而另外設計一個「ヌ」的符號來拼「n」的發音。臺灣語「ng」的發音是將雙唇張開，舌尖完全沒有抵住齒顎的情形，有一些類似「ㄥ」的發音，而臺灣語「n」的發音是將舌尖抵住上齒顎之處而發出的鼻音，有一些類似「ㄣ」的發音。

以「ng」的鼻音來說，例句「窗仔」的「窗」字，是發出「ng」的鼻音，恰恰可用日本語五十音「ン」這個鼻音符號來做對應，再加上送氣音的符號「・」，而拼出「タ・ン」的發音；又如例句「公的」的「公」字，也是發出「ng」的鼻音，也恰恰可用日本語五十音「ン」這個鼻音符號來做對應，因此這兩個符號並沒有什麼技術上的問題。依據師範學校所編的教科書所舉的鼻音例子，列出表格說明如下：

表 3-2-9：鼻音舉例

漢　字	日本五十音	臺灣語羅馬拼音
怎樣	サイ♭-イウ♭	choann2-iunn7；chóa^n-iū^n
驚々	キア♭-キア♭	kiann1- kiann1；kia^n- kia^n
官廳	コア♭-チ.ア♭	koann1-thiann1；koa^n-thia^n
定錢	チア♭-チィ♂	tiann7-chinn5；tiā^n-chî^n
看天	コ.アㄍ-チ.イ	khoann3-thinn1；khòa^n-thi^n
飯碗	プンㄟ-ヲア♭	png7-oann2；pn̄g-óa^n
甚麼	シア-ミイ♂	sann3-mihnn4；sà^n-mih^n

官廳的「官」字，在教科書中拼成「コア♭」，而「コ」的發音相當於「koo」的發音，配合韻母「ア」拼出來的音，很難對應臺灣語羅馬拼音的「koa」發音。在日本語五十音中，同樣屬於「カ」行的「ク」音，相當於「ku」的發音，配合韻母「ア」拼出來的音，就與臺灣語羅馬拼音的「koa」發音完全吻

〔註17〕張耀堂《新選臺灣語教科書》，頁15。（筆者譯）

合。若一定要使用「コ」音的話，則應該在聲母與韻母之間再加上一個「ウ」音，相當於「u」的中介音，才能對應臺灣語「官」這個漢字的發音。

以「n」的鼻音來說，例如「囡仔」的「囡」字，便是發出「n」的鼻音，教科書中爲了區分起見，特地用了「ヌ」這個符號來代表，因此拼出了「ギヌ／」的發音，相當於臺灣語羅馬拼音的「gin2」發音。另外，例句「新的」的「新」字也是發出「n」的鼻音，一樣用「ヌ」這個符號來代表，因此拼出了「シヌ」的發音，相當於臺灣語羅馬拼音的「sin」發音。事實上，日本語五十音「ヌ」這個符號原本是發出「nu」的聲音，如果將前面聲母的發音，配合「n」和「u」之間做發音，以極快的速度唸過的話，最後就會產生舌尖抵住上齒顎之處而發出「n」的鼻音，筆者訪談幾位日本人，請他們試唸了幾次都是一樣的效果。由此可見，這個「ヌ」的符號的確比起原來日本語五十音「ン」的符號更能拼出臺灣語「n」的發音，用來彌補語言系統上的根本缺失。

依據臺灣總督府教科書對鼻音的解釋說：「所謂鼻音是在發音的時候，口腔和鼻腔一起震動而發出的聲音。依據發聲的不同，暫且將臺灣語的鼻音區分爲純鼻音、前鼻音、父音鼻音、寬鼻音四種。」〔註 18〕現在就依據教科書中對臺灣語鼻音的分類，列表格說明如下：

（一）純鼻音

所謂「純鼻音」，相當於「鼻化元音」，國際音標在元音上方加上類似「⌢」的曲線，依據臺灣總督府教科書的解釋說：「當發音的時候，將鼻腔收縮至最緊的狀態所發出的母音，而且只限於母音的音尾所發出的鼻音。」〔註 19〕現在將教科書中所舉的例子列出表格予以說明：

表 3-2-10：純鼻音舉例（1）

漢　字	日本語五十音拼音	臺灣語羅馬拼音
餡	ア╞	ann7；āⁿ
院	イ╞	inn7；īⁿ
樣	イウ╞	iunn7；iūⁿ
嬰	エ╞	enn1；eⁿ
厭	キァ╞	kiann1；kiaⁿ

〔註18〕　《臺灣語教科書》，頁 4〜5。（筆者譯）
〔註19〕　《臺灣語教科書》，頁 5。（筆者譯）

經	キイ♭	kinn1；kiⁿ
薑	キウ♭	kiunn1；kiuⁿ
更	ヶエ♭	kenn1；keⁿ
衫	サア♭	sann1；saⁿ
生	シィ♭	sinn1；siⁿ
傷	シウ♭	siunn1；siuⁿ
山	ソア♭	sooann1；sooaⁿ

由上表可以看出日本語表達「純鼻音」符號時，並沒有設計特別的韻母符號，而只是以聲調的符號來做注記，代表鼻音的八個聲調符號分別是「♭」、「ϭ」、「ϙ」、「ρ」、「ϥ」、「ϭ」、「ρ」、「ϫ」。表格中的「餡」注記爲「アρ」就是代表第七聲調的純鼻音，而薑注記爲「キウ♭」，就是代表第一聲調的純鼻音。嚴格說來，這樣的注記方式並不符合標準音韻的注記規則，只有聲母與元音，而缺少了鼻音的韻尾符號，因此這不是一個成功的音標用法，應該利用其他的符號來代表純鼻音。

表 3-2-11：純鼻音舉例（2）

【漢字】倩賊守更
【日譯】貓二鰹節
【中譯】肉包子打狗有去無回；引狼入室
【日音】チ・アϙ＿サ・ッ＿チウ╱＿キイ♭
【羅音】chhiann3_chhat4_chiu2_kinn1；chhiàⁿ_chhat_chiú_kiⁿ

上表所列「守更」的「更」字，發音爲「キイ♭」，相當於羅馬拼音「kinn1」，其韻尾「nn」就是屬於「純鼻音」。但是與前表的拼音「ヶエ♭」（kenn1）對照之下，雖然同樣都是「nn」的「純鼻音」，但韻母卻分別是「e」音與「i」音，同樣出自於警察體系的教科書，爲何會有這樣的差異出現，如果是有關臺灣地域性的發音差異問題，應該在同一本教科書中有同的發音標準與規則，如果有任何特殊的狀況，必須拼出不同的發音，也應該在書中予以說明，才不會導致學習者在學習過程中產生一些混淆。

（二）前鼻音

所謂「前鼻音」，依據教科書的解釋說：「前鼻音就是在ガ行音的音頭上

冠上一個ン的發音，也就是變成ガ ⁿ、ギ ⁿ、ゲ ⁿ、ゴ ⁿ的發音。」〔註20〕現在將教科書中所舉的例子列出表格予以說明：

表 3-2-12：前鼻音舉例（1）

漢　字	日本語五十音拼音	臺灣語羅馬拼音
雅氣	ガア キ・イ	gann2_khi3；gán_khì
硬心	ギィ シム	ginn7_sim1；gĩⁿ_sim
挾緊	ゲエ ＿アヌ	gehnn8_an5；geʰⁿ_ân
五谷	ゴオ ＿ゴク	goonn2_gok4；góoⁿ_gok

由以上表格中的例字可以看出一些問題，首先「硬心」這個例詞，日本語五十音拼成「ギィ シム」，相當於臺灣語羅馬拼音「ginn7_sim1；gĩⁿ_sim」的發音，但是這個詞在臺灣語應該拼成「genn7_sim1；gēⁿ_sim」的音，在這中間出現了「i」與「e」的差異。

又如例詞「五谷」的「五」字，日本語五十音拼成「ゴオ 」，相當於臺灣語羅馬拼音「goonn2；góoⁿ」的發音，依據臺灣語羅馬拼音的用法，「五」這個字如果拼成「goonn2；góoⁿ」的話，是屬於文音的讀法，而白音則應該拼成「goo7；gōo」才對，在這裏又出現了「文白夾雜」的問題。還有「五谷」的「谷」字，日本語五十音拼成「ゴク」，相當於臺灣語羅馬拼音「gok4；gok」的發音，但是這個字應該拼成「kok4；kok」才對，如果要對應日本語五十音的話，應該注記爲「コク」會比較恰當，因此可以將「ゴ」的濁音拼讀，修改爲「コ」的清音拼讀，更能吻合臺灣語的發音。

表 3-2-13：前鼻音舉例（2）

【漢字】汝有五百元無
【日譯】あなたは五百元がありますか？
【中譯】你有五百元嗎？
【日音】ルウ ＿ウ ゴオ ＿パア コ・オ ボヲ
【羅音】lu2-u7-goonn2-pah4-koo1-bo5；lú-ū-góoⁿ-pah-koo-bô

上列表格的「五」字發音爲「ゴオ 」，相當於羅馬拼音「goonn2」，韻尾

〔註20〕　《臺灣語教科書》，頁5。（筆者譯）

「nn」就是屬於「前鼻音」的發音，但是以臺灣語來說，「五」這個漢字有兩種發音，表中所拼的「ゴオ6」（goonn2）是文言音，用來表達一些文言的意涵，例如「五霸」、「五嶽」、「五谷」、「五花八門」等。但是表中所舉的「五百元」是用來表達日常生活用語，應當發做白話音「goo7；gōo」，在這裏出現兩個問題，首先，白話音的「五」字沒有鼻音；其次，應該拼成第7聲調。如果書中想要表達「五」字文言音的鼻音成分，應該多做詳盡地說明，最好將白話音與文言音做個比較，才不會造成學習上的困境。

（三）父音鼻音

有關「父音鼻音」的意義，依據教科書的解釋說：「所謂父音鼻音就是父音加上其他的父音所發出的聲音，這項鼻音是不含母音成份的發音。」〔註21〕現在將教科書中所舉的例子列出表格予以說明：

表 3-2-10：父音鼻音舉例（1）

漢　字	日本語五十音拼音	臺灣語羅馬拼音
秧	ンゎ	ng1；ng
不	ムゎ	m7；m̄
光	クンゎ	kng1；kng
酸	スンゎ	sng1；sng
庄	ッソゎ	chng1；chng
當	ツンゎ	tng1；tng
卵	ヌンゎ	nng7；nn̄g
遠	フンゎ	hng7；hn̄g
飯	プンゎ	png7；pn̄g
門	ムンゎ	mng5；mn̂g
茅	フンゎ	hng5；hn̂g
參	スムゎ	sm1；sm

由以上表格中的例字可以看出一些問題，例如「庄」這個漢字日本語五十音拼成「ッソゎ」，相當於臺灣語羅馬拼音「chsoonn」的發音，書中所拼的符號包含有兩個聲母的成分，分別是「ch」與「soo」，這樣的結構不符合語言

〔註21〕《臺灣語教科書》，頁5。（筆者譯）

的拼音規則，因此可能是筆誤。依據臺灣語羅馬拼音的使用習慣，應該更正為「chng1；chng」的發音。

另外，「卵」這個漢字日本語五十音拼成「ヌンℓ」，相當於臺灣語羅馬拼音「nng7；nn̄g」的發音，但是這個字在臺灣語應該拼成「lng7；ln̄g」的發音，顯然是聲母「n」與「l」的誤差。還有「參」這個漢字日本語五十音拼成「スムℓ」，相當於臺灣語羅馬拼音「sm1；sm」的發音，但是「參」這個漢字的臺灣語有兩種念法，當代表星名二十八宿之一或是人參的時候，必須拼成「sim」的發音；而當要表示參與與拜謁的時候，則必須拼成「chham」的發音。這兩種拼音所代表的意義都不是拼做「sm1；sm」的發音，比較接近的音是「sim」的發音，其中遺漏了「i」的發音。

除了拼音上的誤差之外，還存在著一個語言系統的根本問題，例如「茅」這個漢字日本語五十音拼成「フムℓ」，相當於臺灣語羅馬拼音「hum5；hûm」的發音，但是這個字在臺灣語應該拼成「hm5；ĥm」的發音，其中多出了「u」的發音。還有「飯」這個漢字日本語五十音拼成「プンℓ」，相當於臺灣語羅馬拼音「pung7；pūng」的發音，但是這個字在臺灣語應該拼成「png7；pn̄g」，在這裏多出了「u」的發音。關於這一點，就不是純粹拼音上的錯誤，而是臺灣語和日本語兩種語言系統的根本差異，當臺灣語發出「m」的雙唇鼻音，或是「ng」的舌根鼻音時，在日本語五十音系統當中，沒有辦法找出百分之百完全吻合的發音符號。

以「茅」這個字來說，書中的日本語注記為五十音清音「ハ」行的發音，如果使用日本語五十音「ハ」的符號，則會拼出「ha」的音；如果使用「ヒ」，則會拼出「hi」的音；如果使用「フ」的符號，則會拼出「hu」的音；如果使用「ヘ」的符號，則會拼出「he」的音；如果使用「ホ」的符號，則會拼出「hoo」的音，以上所列清音「ハ」行的發音，沒有一個能發出「hm」的音。以「飯」這個字來說，相當於日本語五十音「ン」的鼻音，如果使用日本語五十音半濁音「パ」行的符號，則會拼出「pha」的音；如果使用「ピ」的符號，則會拼出「phi」的音；如果使用「プ」的符號，則會拼出「phu」的音；如果使用「ペ」的符號，則會拼出「phe」的音；如果使用「ポ」的符號，則會拼出「phoo」的音，以上所列半濁音「パ」行的發音，沒有一個能發出「png」的音，這也是由於臺灣語與日本語之間的語言系統根本上的差異。

表 3-2-11：父音鼻音舉例（2）

【漢字】	脚踏馬屎傍官氣
【日譯】	虎ノ威を藉ル狐
【中譯】	狐假虎威
【日音】	か・ア_タア╲_ベエ╱_サイ╱_プン♭_コア♭_ク・イ╲
【羅音】	kha1_tah8_be2_sai2_bng7_koann1_khi3；kha_tȧh_bé_sái_bn̄g_koaⁿ_khì

上列表格「傍」字發音爲「プン♭」，相當於羅馬拼音「bng7」，韻尾「ng」就是屬於「父音鼻音」的發音，無論是聲母、韻母、聲調，與前表所列「飯」字的發音都一樣。

（四）寬鼻音

所謂「寬鼻音」，依據總督府《臺灣語教科書》的解釋說：「寬鼻音就是音尾通過鼻腔所發出的聲音，母音是連接在子音底下的發音。」〔註22〕寬鼻音隨著口腔與鼻腔所發出的聲音之不同，又分爲「ヌ（n）音」、「ン（ng）音」、「ム（m）音」等三種。現在分別說明如下：

1、寬鼻音之ヌ音（n）

有關寬鼻音之ヌ音部分，依據教科書的解釋說：「這個聲音是將口腔微微張開，舌端附著於上齒的根部，聲音從鼻腔流出的聲音。」〔註23〕日本語五十音的「ヌ」符號，恰好對應於臺灣語羅馬拼音「n」的發音符號，現在將教科書中所舉的例子列出表格予以說明：

表 3-2-12：寬鼻音之ヌ音舉例

漢 字	日本語五十音拼音	臺灣語羅馬拼音
研	カヌ╱	kan5；kân
蘭	ラヌ╱	lan5；lân
新	シヌ	sin1；sin
安	アヌ	an1；an
緊	キヌ╱	kin2；kín
山	サヌ	san1；san

〔註22〕《臺灣語教科書》，頁5。（筆者譯）
〔註23〕《臺灣語教科書》，頁5～6。（筆者譯）

因	ィヌ	in1；in
眞	チヌ	chin1；chin

　　由以上表格中的例字可以看出一些問題，例如「研」這個漢字日本語五十音拼成「カヌゞ」，相當於臺灣語羅馬拼音「kan5；kân」的發音，但是這個漢字在臺灣語的念法應該是「gian2；gián」的發音。在這裏出現了三個問題，首先是聲母「k」與「g」的誤差，接下來還有「an」與「ian」的不同，最後還有「第5聲調」與「第1聲調」的差異。

　　2、寬鼻音之ン音（ng）

　　有關寬鼻音之ン音（ng）的部分，依據教科書的解釋說：「這個聲音是將口腔以中等的程度張開來，而舌頭自然地放在下顎的位置，並隆起舌根的部位，喉嚨呈現閉塞的狀態，聲音從鼻腔流出。」〔註24〕日本語五十音的「ン」符號，恰好對應於臺灣語羅馬拼音「ng」的發音符號，現在將教科書中所舉的例子列出表格予以說明：

表3-2-13：寬鼻音之ン音舉例

漢　字	日本語五十音拼音	臺灣語羅馬拼音
工	カン	kang1；kang
籠	ラン／	lang2；láng
丁	チエン	tiang1；tiang
夫	アン	ang1；ang
講	コン／	kong2；kóng
東	タン	tang1；tang
風	ホン	hong1；hong
霜	スンゟ	sngnn1；s ngⁿ

　　由以上表格中的例字可以看出一些問題，例如「丁」這個漢字日本語五十音拼成「チエン」相當於臺灣語羅馬拼音「tiang1；tiang」的發音，但是這個漢字在臺灣語的念法應該是「teng1；teng」的發音，這中間出現了「iang」與「eng」的誤差。

　　書中所舉的「霜」這個漢字，日本語五十音拼成「スンゟ」，相當於臺灣

語羅馬拼音「sngnn1；s ngⁿ」的音，也就是代表鼻音「nn」的第 1 聲調符號。但是這個「霜」字的臺灣語應該拼成「Sng1」的發音，也就是「ng」的鼻音音尾，而並非「nn」的鼻音音尾，這也是由於臺灣語與日本語在語言系統上的根本不同處而造成的差異。

　　3、寬鼻音之ム音（m）

　　在聲韻學裏，「m」音的韻尾稱之為「閉口韻」，有關寬鼻音之「ム」（m）音部分，依據教科書的解釋說：「這個聲音是將上下唇輕輕地緊閉，而聲音自鼻腔流出的發音。」〔註 25〕日本語五十音的「ム」符號，恰好對應於臺灣語羅馬拼音「m」的發音符號，現在將教科書中所舉的例子列出表格予以說明：

表 3-2-14：寬鼻音之ム音舉例

漢　字	日本語五十音拼音	臺灣語羅馬拼音
甘	カム	kam1；kam
南	ラム〵	lam5；lâm
心	シム	sim1；sim
暗	アム〵	am3；àm
金	キム	kim1；kim
杉	サム	sam1；sam
音	イム	im1；im
禁	キム〵	kim3；kìm

　　以上表格所列的漢字案例，都是臺灣語的閉唇音，這也是臺灣語的一大特色，無論日本語或是華語的語音系統，都缺乏閉唇的發音，更沒有這方面的符號，而當日本人要學習臺灣語，並且利用他們所熟悉的日本語五十音來做注記符號時，在閉唇音的部分就會產生困難，因此只好利用「ム」的符號來做對應，「ム」這個符號原本是發出「mu」的音，現在配合前面的聲母來發音時，省略了音尾「u」的發音，而只發出音頭「m」的聲音。

　　如此一來，當配合「ka」來發音時，原本的「ka_mu」就變成了「kam」的閉唇音；當配合「ki」來發音時，原本的「ki_mu」就變成了「kim」的閉唇音；當配合「sa」來發音時，原本的「sa_mu」就變成了「sam」的閉唇音；

〔註 25〕　《臺灣語教科書》，頁 6。（筆者譯）

當配合「si」來發音時，原本的「si_mu」就變成了「sim」的閉唇音；當配合「la」來發音時，原本的「la_mu」就變成了「lam」的閉唇音；當配合「i」來發音時，原本的「i_mu」就變成了「im」的閉唇音……等，以下類推。如此便能自原本所缺乏的日本語五十音的語音系統之中，另外成功地創造出其他全新的聲音，來符合臺灣語特殊的閉唇音。

三、促　音

依據教科書對「促音」的解釋說：「所謂促音，是在發音的時候，由於急促阻止了聲音的通路，因此其音尾的氣息並沒有從口中流出外面。促音又稱為入聲，臺灣語的促音可分為舌根促音、舌頭促音、合唇促音、母音促音等四種。」〔註26〕現在就依據教科書中對臺灣語促音的分類，列表格說明如下：

（一）舌根促音

所謂「舌根促音」就是舌根塞音，依據教科書的解釋說：「在舌根的部位急促地發出與寬鼻音ン同樣形式的發音，而以ク的文字做為舌根促音的符號。」〔註27〕現在就依據教科書中對舌根促音的舉例，列表格說明如下：

表 3-2-15：舌根促音舉例

漢　字	日本語五十音拼音	臺灣語羅馬拼音
岳父	ガク＼＿フウ｜	gak8_hu7；gảk_hū
色緻	シエク／＿チィ＼	siek4_ti3；siek_tì
竹篙	チエク／＿コヲ	tiek4_ko1；tiek_ko
角頭	カク／＿タ・ウ⸂	kak4_tau5；kak_tâu

在這裏利用日本語五十音清音中的「ク」來對應臺灣語語尾「k」的舌根塞音，「ク」這個符號原本拼成「ku」的發音，如果當做韻尾使用，並配合前面的聲母來發音時，則省略了音尾「u」的發音，而只發出音頭「k」的聲音。因此當聲母是「ガ」，也就是「ga」的時候，原本「ga_ku」的發音就變成了「gak」的舌根促音；當聲母是「カ」，也就是「ka」的時候，原本「ka_ku」的發音就變成了「kak」的舌根促音；當聲母是「シィ」，也就是「si」的時候，原本「si_ku」

〔註26〕　《臺灣語教科書》，頁6。（筆者譯）
〔註27〕　《臺灣語教科書》，頁6。（筆者譯）

的發音就變成了「sik」的舌根促音；當聲母是「チィ」，也就是「ti」的時候，原本「ti_ku」的發音就變成了「tik」的舌根促音。

師範學校教科書所列出的「狀聲詞」中，例句「□□啼」的拼音注記是「ク‧ウ₋ク‧ウ₋ハウ✓」，相當於羅馬拼音「Khu1-khu1-hau2；Khu-khu-háu」的發音，但是在臺灣語的日常會話習慣上，應該會說成「コ‧ク↘-コ‧ク↘-ハウ✓」，相當於羅馬拼音「kook8- kook8 hau2；kòok- kòok háu」才對，用於強調並形容其不斷地號叫的樣子，在這裏出現了韻尾的問題，應該使用「k」的「舌根促音」來做為韻尾比較恰當。

（二）舌頭促音

所謂「舌頭促音」就是「舌尖塞音」，依據臺灣總督府教科書的解釋說：「在舌頭的部位急促地發出與寬鼻音ㄡ同樣形式的發音，而以ッ的文字做為舌根促音的符號。」〔註28〕其實在這裏所說的舌頭促音，就是臺灣語的舌尖促音「t」，現在就依據教科書中對舌頭促音的舉例，列表格說明如下：

表 3-2-16：舌頭促音舉例

漢　字	日本語五十音拼音	臺灣語羅馬拼音
遏倒	アッ✦_トヲ✓	at4_to2；at_tó
實在	シッ↘_サィ│	sit8_chai7；sit_chāi
設法	シエッ✦_ホアッ✦	siat4_hoat4；siat_hoat
核乳	ハッ◣_リヌ	hat8_lin1；hàt_lin

在這裏利用日本語五十音清音中的「ツ」來對應臺灣語語尾「t」的舌尖促音，「ツ」這個符號的讀音相當於羅馬拼音「ch」的發音，如果當做韻尾使用，並配合前面的聲母來發音時，完全看不出有舌尖促音「t」的聲音，筆者以為不太適合做為舌尖促音的代表符號。但是如果用日本語音系統輸入這個符號時，則是以「tu」的拼音來做輸入，可是這個字並不是念「tu」的音，所以在這裏有一些矛盾之處，也就是讀音與符號輸入的不一致。

依據師範學校所舉的例子，教科書中所記錄的「突」這個漢字，臺灣語羅馬拼音注記為「tut8」，其中促音的成分是「t」的發音，其急促停頓的地方剛好落在於舌尖之處，但是教科書中的日本語五十音卻注記為「ツウ↘」，其

〔註28〕《臺灣語教科書》，頁7。（筆者譯）

中促音的成分是「ウ」的發音，其急促停頓的地方並非落在舌尖之處，而是相當於「u」的發音，這與促音的發音標準有所不同，若在「ウ」的後面加注一個「ツ」，變成「ツウツ丶」的話，則比較符合臺灣語促音「t」結尾的特色。就像在例字中的「察」這個漢字，臺灣語羅馬拼音注記爲「chhat4」，其中促音的成分是「t」的發音，其急促停頓的地方剛好就是落在於舌尖之處，而教科書中的日本語五十音也正是將它注記爲「サ．ツ✦」的符號，利用「ツ」的發音來代表「t」促音落在於舌尖的特色，但是若能在「ツ」的上方多加一個「－」符號，成爲「ツ」發音的話，就更能對應臺灣語的發音了。

如果要找到韻頭發「t」的日本語五十音，並不是一件困難的事，例如「タ」這個符號無論是讀音或輸入法都拼成「ta」的音，如果當做韻尾來使用，並配合前面的聲母來發音時，則省略了音尾「a」的發音，而只發出音頭「t」的聲音，恰恰能與臺灣語「t」的舌尖促音相對應。因此當聲母是「ア」，也就是「a」的時候，原本「a_ta」的發音就變成了「at」的舌尖促音；當聲母是「シ」，也就是「si」的時候，原本「si_ta」的發音就變成了「sit」的舌尖促音；當聲母是「シエ」，也就是「sia」的時候，原本「sia_ta」的發音就變成了「siat」的舌尖促音；當聲母是「ハ」，也就是「ha」的時候，原本「ha_ta」的發音就變成了「hat」的舌尖促音。

（三）合唇促音

所謂「合唇促音」就是「雙唇塞音」，依據教科書的解釋說：「在唇部急促地發出與寬鼻音ム同樣形式的發音，而以プ的文字做爲合唇促音的符號。」〔註29〕現在就依據教科書中對合唇促音的舉例，列表格說明如下：

表 3-2-17：合唇促音舉例

漢　字	日本語五十音拼音	臺灣語羅馬拼音
納稅	ラプ丶　セエ丨	lap8_se3；làp_sè
濕答	シプ✦　タム⌐	sip4_tam5；sip_tâm
翕像	ヒプ✦　シオン丨	hip4_siong7；hip_siōng
合嘴	カプ✦　ッ・イ丨	kap4_chhi3；kap_chhì

〔註29〕 《臺灣語教科書》，頁7。（筆者譯）

在這裏利用日本語五十音清音中的「プ」來對應臺灣語語尾「p」的合唇促音，「プ」這個符號原本拼成「phu」的發音，如果當做韻尾使用，並配合前面的聲母來發音時，則省略了音尾「hu」的發音，而只發出音頭「p」的聲音。因此當聲母是「ラ」，也就是「la」的時候，原本「la_phu」的發音就變成了「lap」的合唇促音；當聲母是「シ」，也就是「si」的時候，原本「si_phu」的發音就變成了「sip」的合唇促音；當聲母是「ヒ」，也就是「hi」的時候，原本「hi_phu」的發音就變成了「hip」的合唇促音；當聲母是「カ」，也就是「kha」的時候，原本「kha_phu」的發音就變成了「Khap」的合唇促音。

在這裏出現了一個問題，「カ」這個符號原本發出「kha」的音，當發出這個聲音時是帶有氣體的成分，也就是會變成有氣音，但是它卻被用來發出無氣音「kap」的音頭，而當要發出有氣音的時候，則會多加一個「・」符號來發出「khap」的音，這是由於日本語的語音系統中缺乏這個聲音的存在，因此無法找到百分之百完全吻合的音。

另外，上述表格中的例字也有一些拼音上的錯誤，例如「納稅」的「稅」字，日本語五十音拼成「セエ」，相當於羅馬拼音「se3；sè」的音，這樣的拼音有些類似臺灣語「細」的發音，如果是「稅」這個漢字的話，應該拼成「soe3；sòe」才對，顯然漏失了一個「o」的發音。還有「翕像」的「像」字，日本語五十音拼成「シオン」，相當於羅馬拼音「siong7；siōng」的音，而這個字也有念成「siang7；siāng」的音，在這裏出現了「ong」與「ang」的差異，這個問題有關漳州音與泉州音的分別，在教科書中應該予以區分說明，讓學習臺灣語的日本警察能更加清楚地域性腔調的差異性。

還有「合嘴」這個例詞，首先說「嘴」這個漢字，書中的日本語五十音拼成「ツ・ィ」，相當於羅馬拼音「chhi3；chhì」的音，但是這個字在臺灣語的拼音應該是拼成「chhui3；chhùi」的音顯然書中漏失了一個「u」的音。其次再說「合」這個漢字，書中的日本語五十音拼成「カプ」，相當於羅馬拼音「Kap4；Kap」的音，但是這個字有兩種念法代表兩種不同的意思：如果念成「Kap4；Kap」的音，是代表兩禽交合併集的意思；如果念成「hap8；ha̍p」的音，則是代表會同、相遇的意思。依據書中所造的詞「合嘴」來看，應該是屬於會同、相遇之意，也就是會同雙唇，將兩唇合起的意思，那麼在在這裏就應該發做「hap8；ha̍p」的音才對。

師範學校教科書所舉「雜」這個漢字，臺灣語羅馬拼音注記爲「chap8」

的符號，其中促音的成分是「p」的發音，其急促停頓的地方剛好落在於上下唇緊閉之處，這是臺灣語的一大特色，無論是華語或是日本語都沒有上下唇緊閉的發音方式。以華語來說，華語雖然有「ㄣ」的發音，但嘴唇是微開的，並無緊閉的現象；以日本語來說，日本語雖然有「ん」的發音，但嘴唇也是微開的，並沒有緊閉的發音情形，因此可以說上下唇緊閉的發音方式是臺灣語的特色之一。既然日本語的拼音系統中找不到上下唇緊閉的發音符號，那麼想要尋找一個能完全吻合臺灣語發音的注記符號就很困難，因此教科書中的日本語五十音是注記為「サブ、」，其中促音的成分是「ブ」的符號，相當於「bu」的發音，其急促停頓的地方並非落在上下唇緊閉之處，因此日本人在學習這個發音時，一定會遇到一些困難點，必須透過課堂上隨著老師的發音來進行實地練習，才能彌補這兩種語言系統上的根本差異之處。

（四）母音促音

所謂「母音促音」就是「喉塞音」，依據教科書的解釋說：「在喉頭部位發出急促的聲音。」〔註30〕在這裏僅僅用「喉頭部位」來說明母音促音的發音方式，因為這類發音方式，與舌頭、舌尖、舌根完全無關，其重點只是在於急促的聲音現象而已，相當於臺灣語羅馬拼音「h」的符號所代表的發音方式。現在就依據教科書中對母音促音的舉例，列表格說明如下：

表 3-2-18：母音促音舉例（1）

漢　字	日本語五十音拼音	臺灣語羅馬拼音
打	パ・ア	phah4；phah
䴗	ピイ	pih4；pih
提	テ・エ	theh8；theh
石	チフ	chioh8；chioh
挴	モオ	moohnn4；moohn
甲	カア	kah4；kah
削	シア	siah4；siah
着	チフ	tioh4

　　由於母音促音的發音方式，與舌頭、舌尖、舌根完全無關，因此日本語
五十音的發音系統中也找不到任何可以對應的符號，而僅能利用聲調系統來
顯示促音的發音方式，也就是第 4 聲調用「♪」來代表，而第 8 聲調則用「ヽ」
來表示，至於音尾的符號則看不出有什麼特殊之處。

　　以「着」這個字為例，在教科書中將「チ」與「フ」兩種符號加起來，
再配合聲調符號「ヽ」代表第 4 聲調的促音，拼成「チフヽ」的符號。然而，
這個「着」的漢字在臺灣語羅馬拼音是拼成「tioh4」的發音，以「h」來代
表急促停頓的發音，只要看到「h」的符號擺在結尾的地方，便可知道這是
促音的字。而日本語發音中卻沒有這種明顯可以辨別的促音符號，「着」的
結尾音是拼成「オ」的發音，這個音與一般的「常音」沒什麼區別，因此
在這裏所注記的拼音符號中，無法立即辨識出這是「促音」的字，其辨識
促音的方法只能靠後面的聲調符號「ヽ」來辨識這是第 4 聲調的字，在臺灣
語羅馬拼音中的第 4 聲調與第 8 聲調的確都是屬於促音的字，但就整體的
拼音符號來看，似乎有缺失而不完整之處，如果能設計一個新的符號則更
為完備。

表 3-2-19：母音促音舉例（2）

問	【漢字】這是甚麼貨	
	【日譯】コレハ何デスカ	
	【中譯】這是甚麼東西	
	【日音】モエ＿シィ｜シム／＿ミィロ＿ヘエ｜	
	【羅音】che1_si7_sim2_minn8_he3；che_sī_sím_mⁿ_hè	
答	【漢字】彼是刀仔	
	【日譯】ソレハナイフデス	
	【中譯】那是刀子	
	【日音】ヘエ＿シィ｜＿トヲ＿ァ／	
	【羅音】he1_si7_to1_a2；he_sī_to_á	

　　首先是拼音的問題，例句「這是甚麼貨」的「麼」這個漢字，書中的日
本語五十音注記為「ミィロ」，相當於羅馬拼音「minn8；mⁿ」的音，從「ミ」
的聲音可以看出「鼻音」的成分，但是看不出「促音」的存在，必須從聲調
符號「ロ」的部分才可以判斷出這是一個同時具有「鼻音」與第 8 聲調「促音」

的字。依據「彙音寶鑑」〔註31〕的注記是「bihnn4；bihⁿ」的拼法，聲母「b」的音是對應「m」之類的拼音，例如後面例句中「是不是罵自己」的「罵」字，書中注記爲「マァ㆑」，相當於羅馬拼音「mann7；māⁿ」的音，但是在「彙音寶鑑」中的注記則爲「bann7；bāⁿ」的音。而「h」的聲音是「聲母促音」的符號，再加上第 4 聲調的注記，都是代表韻尾爲急促停頓的音；至於「nn」的聲音則是典型「鼻音」的符號，因此從臺灣語的羅馬拼音中，可以明顯地看出「鼻音」與「促音」的成分，這是日本語五十音所不足之處。

表 3-2-20：母音促音舉例（3）

【漢字】脚踏馬屎傍官氣
【日譯】虎ノ威を藉ル狐
【中譯】狐假虎威
【日音】か・ア_タア㆑_ベエ／_サイ／_プンㇷ_コアㇷ_ク・イ㆑
【羅音】kha1_tah8_be2_sai2_bng7_koann1_khi3；kha_tȧh_bé_sái_bng_koaⁿ_khì

　　例句「脚踏馬屎傍官氣」的「踏」字，書中日本語拼音注記爲「タア㆑」，相當於羅馬拼音「tah8；tȧh」的「h」促音，但是依據「彙音寶鑑」的注記爲「tap8；tȧp」的「p」促音，也就是開唇音與閉唇音的差別。依據筆者的訪談調查，一般臺灣人多將「踏」字說成「tah8；tȧh」的開唇促音，由此可見這本日治時代所編纂的臺灣語教科書多半依照一般臺灣人日常用語的習慣去注記，有時並沒有在學理上或拼音法則上做進一步的考證與研究，畢竟當時日本人學習臺灣語最主要的目的是在於日常生活的相互溝通。

表 3-2-21：母音促音舉例（4）

【漢字】嚴官府出厚賊
【日譯】嚴正ナ官府多ク賊を出ス
【中譯】過於嚴格反而招至民怨而多盜賊
【日音】ギアム〳_コアㇷ_フウ／_ツ・ウㇷ_カウ｜_サ・ツ
【羅音】giam5_koann1_hu2_chhuh4_kau7_chhat4；giâm_koaⁿ_hú_chhuh_kāu_chhat

---

〔註31〕 沈富進《彙音寶鑑》，嘉義，文藝學社出版社，民國四十三年十二月二十日初版，後半部頁 261。

　　例句「嚴官府出厚賊」的「出」字，書中日本語拼音注記爲「ツ・ウ♪」，相當於羅馬拼音「chhuh4；chhuh」的「h」促音，但是這個漢字的正確發音應該是「chhut4；chhut」的「t」促音，書中將舌尖促音給遺漏掉了，而變成「焠火」或「焠水」的「焠」字發音。

　　有關「促音」的問題，師範學校教科書中所舉「有講無」例句的「意義2」這部分，依照臺灣語的意思是「有沒有說啊？」日本語發音拼爲「ウウ♩-コン♪-ボヲ♪」，相當於羅馬拼音「u3-kong2-Boh4；ù-kóng-Boh」的發音。另外，書中所舉「有影無」例句的「意義2」這部分，依照臺灣語的意思是「眞的嗎？」日本語發音拼爲「ウウ♩-ィア♭-ボヲ♪」，相當於羅馬拼音「u3-iann2-Boh4；ù-iáⁿ-Boh」的發音。還有書中所舉「無去」例句的「意義2」這部分，依照臺灣語的意思是「不見了！」日本語發音拼爲「ボヲ♩-ク・ウ♪」，相當於羅馬拼音「Bo5-khuh4；Bô-khuh」的發音。以臺灣語的「促音」來說，大致可分爲「h」、「t」、「k」、「p」這四種尾音，而以上所述這三個例句的尾字分別爲「無」與「去」，其尾音都是發出第 4 聲調，代表急速停頓的「促音」，而且都是臺灣語促音中的「h」音。在日本語的拼音系統中，只有前文所述利用「ツ」的縮小字體變成「ッ」的形式來呈現，但是沒有辦法完全對應並吻合臺灣語促音的符號來進行發音，因此只能靠「♪」的聲調符號來表示，這樣的拼音系統就顯得較爲不足。

四、其他韻母問題

　　除了以上所述的問題之外，兩本教科書中還存在著其他與韻母有關的問題，現在就一一分析說明。

表 3-2-22：其他韻母問題舉例（1）

問	【漢字】西洋料理有好食無	
	【日譯】西洋料理ハ美味シィデスカ	
	【中譯】西洋料理好吃嗎	
	【日音】セィ_ィウ♭_リアウ♩_リィ♪_ウ♩_ホヲ♪_チァ丶_ボヲ♭	
	【羅音】sei1_iunn5_lau7_li2_u7_ho2_chiah8_bo5　； sei_iûⁿ_lāu_lí_ū_hó_chiah_bô	
答	【漢字】無好食	
	【日譯】不味デス	

【中譯】不好吃	
【日音】ボヲ✓_ホヲ╱_チア╲	
【羅音】bo5_ho2_chiah8；bô_hó_chiàh	

例句「西洋料理有好食無」這一句話的「西」字，教科書中將這個字的拼音注記為「セィ」的音，相當於羅馬拼音「sei1」的音，但是「西」這個漢字的白音讀法應該是「se」，尾音並沒有「i」的成分，如果是文音的讀法則為「sai」，尾音才有「i」的成分，因此這裏多出了一個「i」的音，很可能是受到文音讀法的影響，而日常會話的「西洋」應該是念為「se1_iunn5；se_iûⁿ」，如此才能吻合臺灣語的發音。

表 3-2-23：其他韻母問題舉例（2）

問	【漢字】甚麼料理較好食啊	
	【日譯】ドンナ料理ガ美味シィデスカ	
	【中譯】那一種料理比較好吃啊	
	【日音】シム╱_ミィ◨_リアウ_リィ╱_カ・ア_ホヲ╱_チア╲ア\	
	【羅音】sim2_mih8_lau7_li2_khah4_ho2_chiah8_ah4； sím_mih_lāu_lí_khah_hó_chiàh_ah	
答	【漢字】臺灣料理較好食	
	【日譯】臺灣料理ガ美味シィデス	
	【中譯】臺灣料理比較好吃	
	【日音】タイ✓_ヲアヌ✓_リアウ_リィ╱_カ・ア_ホヲ╱_チア╲	
	【羅音】tai5_oan5_lau7_li2_khah4_ho2_chiah8； tâi_ôan_lāu_lí_khah_hó_chiàh	

例字「灣」，書中的日本語五十音拼成「ヲアヌ✓」，相當於臺灣語羅馬拼音「oan5；ôan」的音，「灣」這個漢字的介音是拼成「u」的音，主要元音為「a」，而韻尾是「n」的音，對應日本語五十音的「ヌ」字，而「ヲ」這個符號的設計是專門用來對應臺灣語韻母「o」的音，相當於「ㄜ」的發音，因此在這裏所使用的符號較不恰當，可以將日本語五十音的拼音符號改為「ウアヌ」〔註32〕會更加適合臺灣語的發音。但是「ウ」這個字應該是屬於聲母

〔註32〕日本人以「フ」來對應臺灣語「o」的音，相當於「ㄜ」的發音；而以「ウ」來對應臺灣語「u」的音，相當於「ㄨ」的發音。

的符號，並不適合「冤」這個無聲母的漢字，因此在發音上雖然可以相對應，但是終究不能適用於此字，這就是學習上的困境之一。

表 3-2-24：其他韻母問題舉例（3）

	【漢字】	汝釣有無
	【日譯】	君ハ釣レマシタカ
問	【中譯】	你有沒有釣到魚
	【日音】	リィ／_チヲ】_ウ｜_ボヲ乀
	【羅音】	li2_tio3_u7_bo5；lí_tiò_ū_bô
	【漢字】	釣無半尾
	【日譯】	一匹モ釣レナカツタ
答	【中譯】	半條也沒釣到
	【日音】	チヲ】_ボヲ乀_ポア˘_ベエ／
	【羅音】	tio3_bo5_poann3_be2；tiò_bô_pòaⁿ_bé

例句「釣無半尾」的「尾」字，書中的日本語五十音將這個詞拼注為「ベエ／」，相當於羅馬拼音「be2；bé」的音，這樣拼出來的發音較接近「買」或「馬」之類的漢字發音。依據臺灣語的日常習慣發音，「尾」這個漢字應該拼成「boe2；bóe」比較恰當，書中很顯然地漏失了一個「o」的發音，這種錯誤是經常性地出現，這個現象可能與日本人的母語習慣有關。日本語經常在同一個五十音中，就具備了「聲母」與「元音」的成分，例如「カ」音發成「ka」，一字即具備了「k」的聲母發音與「a」的元音發音；「ク」音發成「ku」，同時具備了「k」的聲母發音與「u」的元音發音；「ヒ」音發成「hi」，同時具備了「h」的聲母發音與「i」的元音發音；「ヘ」音發成「he」同時具備了「h」的聲母發音與「e」的元音發音；「口」音發成「loo」，同時具備了「l」的聲母發音與「oo」元音發音。在臺灣語發音中，「a」、「i」、「u」、「e」、「oo」五種元音，只有「i」與「u」可以充當介音與韻尾，而日本語五十音則是一字具有多音的效果，因此在對應臺灣語發音時，有時會產生無法相互對應的現象，因為它們來自於兩種不同的語言系統。

表 3-2-25：其他韻母問題舉例（4）

【漢字】	趁錢有數生命着顧
【日譯】	生命ハ大切ニセねバナラナィ
【中譯】	金錢誠可貴，生命價更高
【日音】	タ・ヌ┓_チィ�_ィウ╱_ソオ┓_シィ┓_ミァ�_チヲ╲_コオ┓
【羅音】	than3_chinn5_iu2_soo3_si3_miann7_tioh8_koo3； thàn_chîⁿ_iú_sòo_sì_miāⁿ_tióh_kòo

　　上列表格中的例句「生命」的「生」這個漢字，書中的日本語五十音將它拼注爲「シィ┓」的音，相當於羅馬拼音「si3；sì」的音，但是這個漢字有白音與文音兩種讀法，如果是讀成白音的話，應該拼爲「セエ�」的音，相當於羅馬拼音「senn1；seⁿ」的音；如果是讀成文音的話，則應該拼爲文音「シィン�」的音，相當於羅馬拼音「seng1；seng」的音。無論是白音或文音，都與書中所拼注的「si3；sì」不同，在這裏出現了兩個問題，首先是鼻音的問題，無論是白音「senn1；seⁿ」或是文音「seng1；seng」都是屬於鼻音的字，而書中所拼注的符號語尾是「i」的音，遺漏了鼻音的發音。

表 3-2-26：其他韻母問題舉例（5）

在要	【漢字】	賊仔在要走咯
	【日譯】	泥棒ハ逃げカヶテ�マスカ
	【中譯】	小偷快要跑掉了
	【日音】	サ・ア╲_ア╱_テエ�_ベエ�_ﾁ�ウ╱_ロオ�
	【羅音】	chhat8_a2_teh4_beh4_chau2_loh4；
在要	【漢字】	伊危々在要冤家咧
	【日譯】	彼等ハスンデノコト二喧嘩をスル所デシタ
	【中譯】	他們就快要吵架了
	【日音】	ィヌ_ヒァム╱_ヒァム╱_テエ�_ベエ�_ヲァン_ケエ_レエ�
	【羅音】	in1_hiam2_hiam2_eh4_beh4_oan1_ke1_leh4； in_hiám_hiám_eh_beh_oan_ke_leh

　　例句「冤家」的「冤」字，書中的日本音拼成「ヲァン」，開頭的發音相當於羅馬拼音「o」的音，但是臺灣語「冤」這個漢字應該拼成「ウァン」，開頭的發音相當於羅馬拼音「u」的音。這個錯誤在書後文的「臺灣俚諺」例

句「冤家變成親家」中，書中日本語拼成「ヲヌ_ヶエ_ピイ⁹_チ・ヌ_ヶエ」，相當於羅馬拼音「oan1_ke1_pinn3_chhin1_ke1；hoan_ke_piⁿ_chhin_ke」的發音，也是再次發生同樣的錯誤。

另外，「在何位」的「在」字，前文的例句書中拼成「テエ╱」，相當於羅馬拼音「teh4；teh」的音，而現在卻拼成「チ╷」，相當於羅馬拼音「ti7；tī」的音，其後文的拼音不吻合，也會造成日本人學習臺灣語的困境。

表 3-2-27：其他韻母問題舉例（6）

【漢字】走賊適著虎
【日譯】煎鍋ヨリ逃レテ火ノ中ニ入ル
【中譯】一波未平一波又起
【日音】サァ╱_サ・ッ_ツウ╱_チヲ╲_ホオ╱
【羅音】cha2_chhat8_tu2_tio8_hoo2；chá_chhat_tú_tio_hóo

例句「走賊」的「走」字，書中日本語拼成「サァ╱」，相當於羅馬拼音「cha2；chá」的音，但是臺灣語應該拼成「chau2；cháu」的音，明顯地少了一個「u」的音，這個音相當日本語五十音的「ウ」符號，這並非困境而是可以解決的問題，若將日本語拼音符號改爲「サウ╱」，就可以對應臺灣語的發音。

表 3-2-28：其他韻母問題舉例（7）

【漢字】拿鷄寄山猫
【日譯】猫ニ鰹節
【中譯】肉包子打狗有去無回
【日音】リア╲_コエ_キァ╵_ソアゟ_ニアウゟ
【羅音】liah8_koe1_kia3_soann1_niau1；liah_koe_kià_soaⁿ_niau

例句「拿鷄」的「拿」字，書中日本語拼成「リア╲」，相當於羅馬拼音「liah8；liah」的音，但是這個漢字的臺灣語只有文音的讀法，拼成「lann2；láⁿ」的音，與書中所注記的發音不符。還有「鷄」這個漢字，書中日本語拼成「コエ」，相當於羅馬拼音「koe1；koe」的音，但是這個漢字的臺灣語拼音是「ke1；ke」，顯然書中多了一個「o」的發音。

表 3-2-29：其他韻母問題舉例（8）

問	【漢字】	今仔日可洗衫不
	【日譯】	今日ハ洗濯シテョロシィデスカ
	【中譯】	今天可不可以洗衣服
	【日音】	キヌ_ァ／_ジシ丶_タ・ン_ソエ／_サァ♭_ムｐ
	【羅音】	kin1_a2_zisi8_ thang1_soe2_sann1_m7； kin_á_zisi_ thang_sóe_saⁿ_m̄
答	【漢字】	不可洗，檢採能落雨
	【日譯】	イケナイ、雨ガ降ルカモ知レナイ
	【中譯】	不能洗，說不定會下雨
	【日音】	ムｐタ・ン_ソエ／、キァム／_サ・イ／_フエ|_ロヲ丶_ホオ|
	【羅音】	m7_thang1_soe2、kiam2_chai2_oe7_loh8_hoo7； m̄_thang_sóe、kiám_chái_ōe_lòh_hōo

　　例句「今仔日」的「日」字，書中日本語拼音是「ジシ丶」，相當於羅馬
拼音「zisi8；zisi」的音，這樣的拼音是將兩個聲母拼在一起，這是不符合拼
音規則的，應該是筆誤，因此須將拼音符號改爲「ジッ丶」，相當於羅馬拼音
「zit8；zit」的音，否則學習者將無法拼讀此字。

　　師範學校教科書所舉的「貝」這個字，以日本五十音所拼讀出來的韻母
是「エ」（せ），而臺灣語的拼音則是爲「oe」（ㄨせ）的拼音，很明顯地，
日本語拼音在聲母「ポ」（ㄅこ）與韻母「エ」（せ）之間，少了一個「介音」，
亦即「u」（ㄨ）的發音成分。在日本語的拼音系統中，「u」（ㄨ）的發音是
存在的，因此不應該產生這種誤用，這個錯誤的原因就不是前述那種日本語
和臺灣語兩種語言系統的拼音無法完全吻合的問題了。筆者以爲若要以日本
語拼音來對應這個「貝」的漢字時，比較理想的拼音方式有兩種：一種是將
原來韻母的「エ」（せ），改注爲「ウエ」（ㄨせ），亦即多了一個介音「ウ」
（ㄨ）的成份；另一種方式是從聲母做改變，也就是將原來聲母的「ポ」（ㄅ
こ），改注爲「プ」（ㄅㄨ），而韻母依然保持原來的「エ」（せ）不變，如此
一來，將聲母和韻母拼讀起來之後，就會成爲「プエ」（poe；ㄅㄨせ）的發
音。然而，改變聲母的拼音方式雖然可以解決讀音誤差的問題，但沒有辦法
呈現「介音」的成份，因此兩種方式比較之下，筆者還是會建議使用第一種
方拼音方式。

　　師範學校例句「汝知不」的「不」這個漢字，書中的日本語五十音注記爲「ムウ◝」，相當於羅馬拼音「mu3；mù」的音，但是依據臺灣語的會話用語習慣，這個漢字是屬於語尾助詞，應該念成「ム◝」的發音，相當於羅馬拼音「m3；m̀」的音，不須在語音之後加上「u」的音。

　　師範學校例句的「便々」這一詞，書中的日本語五十音注記爲「ピアヌ◝_ピアヌ｜」，相當於羅馬拼音「pian3_pian7；piàn_piān」的發音，而這個字的發音應該是「ピエヌ◝_ピエヌ｜」才正確，也就是將「an」的發音更正爲「en」的發音，才符合臺灣語的發音。

表 3-2-30：其他韻母問題舉例（9）

問	【漢字】着等候伊也冤
	【日譯】彼を待たなければなりませんか
	【中譯】需要等他還是不用
	【日音】ヂヲ◝_チエン／_ハウ◝_イイ_イア_ビアヌ／
	【羅音】tio3_teng2_hau3_i1_ia1_bian2；tiò_téng_hàu_i_ia_bián
答	【漢字】冤喃、做汝先返去、無要緊
	【日譯】いいえ、お先にお歸りになつて結構です
	【中譯】不用啦、你儘管先回去，沒關係
	【日音】ビアヌ／_オオ◝、ヮエ／_ルウ／_シエン｜_ヮン／_キ・イ◝、ボヲ◝_イアウ_キヌ／
	【羅音】bian2_o3、choe2_lu2_seng7_tng2_khi3、bo3_iao1_kin2； 　　　bián_ò、chóe_lú_sēng_tńg_khì、bò_iao_kín

　　例句「着等候伊也冤」的「等」這個漢字，書中的日本語五十音注記爲「チエン／」，相當於羅馬拼音「teng2；téng」的發音，依據臺灣語的發音習慣，「等」這個漢字應該拼成「tan2；tán」才對，也就是「e」更正爲「a」；而「ng」更正爲「n」的發音。

　　另外，「冤」這個漢字，書中的日本語五十音注記爲「ビアヌ／」，相當於羅馬拼音「bian2；bián」的發音，應該更正爲「ビアヌ／」的音，也就是將「a」的音改爲「e」的發音。還有臺灣語「做汝先返去」的「去」字，在書中其他例句拼成「khu3；khù」的發音，而在這裏卻拼成「khi3；khì」的發音，雖然兩者都可以相通，「khi3；khì」是屬於「漳州音」，而「khu3；khù」是屬

於「泉州音」，但是同一本教科書中，使用的拼音標準應該前後一致，才不會讓學習者產生混亂感而無所適從。

例句「匾仙」，書中的日本語五十音注記為「ピ・アヌ＿シアヌ」，相當於羅馬拼音「pian1_sian1；pian_sian」的發音，這個發音多了一個「ア」，也就是「a」的音，最好改為「エ」，也就是「e」的發音，整個字的注記符號為「ピ・エヌ」，比較能符合臺灣語的發音。

師範學校《新選臺灣語教科書》中，舉了「長」字的例子，這個字的日本語符號拼成「ツン＜」，相當於臺灣語羅馬拼音的「tung5；tûng」，例字中的「對」發成「ツィ＼」（tui3）；「株」發成「ツウ」（tu）；「鈍」發成「ツン｜」（tun7）等，這幾個例字都沒有問題，但是例字「長」與「當」就有發音不當的問題了，「長」的臺灣語羅馬拼音是「tng5」，如果依據書中的說明，「ツ」是「ト」與「ウ」的結合音，相當於羅馬拼音「tu」的發音，再配合後面的韻母與聲調則是發成「tung5」的發音，與臺灣語羅馬拼音相較之下，多了一個「u」的聲音，比較像是臺灣語中的「唇」字。另外還有「當」這個例字，日本語拼音是「ツンb」的發音，相當於羅馬拼音的「tung」，而臺灣語羅馬拼音是「tng」，這中間也是多了一個「u」的聲音，比較像是臺灣語中的「鈍」字，這將會讓學習者造成發音混亂。

師範學校《新選臺灣語教科書》的「吹」字拼成「セ・エ」，相當於羅馬拼音的「chhe」發音，但是臺灣語的拼音是拼成「chhoe」的發音，以中介音來說，在這裏很顯然地少了一個「o」的中介音，如果是「chhe」發音，則比較像「叉」的發音。

師範學校《新選臺灣語教科書》的例字「泉」，拼成「ソァ＜」，相當於羅馬拼音的「choa5」，發音，而臺灣語「泉」的拼音是「choann5」，書中之例顯然地少了「nn」的鼻音。在日本語五十音中，只有一個鼻音「ン」的符號，但是如果用這個鼻音符號來注記臺灣語的「泉」，拼成「ソァン」的話，就會變成類似「專」的發音了，因此這是由於臺日兩種語言之間，在系統上的根本不同所造成的發音問題，無法拼出完全吻合的發音。

師範學校教科書例句「羞恥」的拼音注記是「キァン＼-シアウ＼」，相當於羅馬拼音「kan3-siau3；kàn-siàu」的發音，但是日常的臺灣腔調應該拼成「ケン／-シアウ＼」，相當於羅馬拼音「ken2-siau3；kén-siàu」的發音才正確。在這裏所產生的是屬於韻母方面的問題，「羞恥」的第一個發音應該是「ken」，

而不是「kan」，其誤差之處在「e」與「a」的地方。

　　總結以上所分析的「韻母的困境」這一節，日本語五十音的「カ」字，本身就具有聲母「kh」加上韻母「a」的發音；而「キ」字，本身就具有聲母「kh」加上韻母「i」的發音；「ク」字，本身就具有聲母「kh」加上韻母「u」的發音；「ヶ」字，本身就具有聲母「kh」加上韻母「e」的發音；「コ」字，本身就具有聲母「kh」加上韻母「o‧」的發音。因此在拼讀臺灣語常音「嘉」、「基」、「龜」、「奎」、「姑」時，或是在拼讀臺灣語有氣音「脚」、「欺」、「區」、「稽」、「箍」時，可以直接使用「カ」、「キ」、「ク」、「ヶ」、「コ」的發音，或是「ガ」來注記。然而，依據語音學的拼音原則來說，聲母又稱為「輔音」，英語叫做「consonant」，原來的意思是「協同成聲」，它的作用在於輔助韻母，也就是「元音」而發出的聲音，因此它不可以單獨存在，後面一定要加上一個韻母的成分，然後再加上一個聲調，才能構成一個完整的拼音符號。基於這個拼音原則，雖然日本語「カ」、「キ」、「ク」、「ヶ」、「コ」的發音，似乎已經具有聲母加上韻母的聲音，但是為了拼讀出一個完整的語音系統，還是要加上一個韻母「ァ」、「ィ」、「ウ」、「エ」、「オ」的符號。如此一來，無論在拼音符號上或是在拼音原則上都有一個完整的體系，臺灣語和日本語之間的差異性，有時是一種語音系統上的根本差異，這個差異性不僅呈現於符號上，也表現於發音上的各種不同。日治時代為了方便日本警察學習臺灣語，能夠在執行勤務時，順利地與臺灣人溝通，達到管理上的快速性與便利性，因此利用了他們十分熟悉的日本語五十音做為臺灣語的拼音符號，這個方法的確在當時產生了很大的便利性與時效性，但是其中還是存在著許多技術問題與語言系統的根本差異性問題有待進一步解決。

第三節　聲　調

一、日本語的聲調

　　日本語的聲調是屬於「高低音」的類型，最高音的音值相當於華語的第一聲調「55」，而最低的音值相當於華語的「輕聲」。日本語與華語一樣，有許多地方性的腔調，一般而言，以東京音為標準聲調，而東京音的標準聲調大約可以分為「頭高型」、「中高型」、「尾高型」、「平板型」四種聲調，現在分別予以說明如下。

表 3-3-1：日語聲調類型

頭高型	中高型	尾高型	平板型
傘【かさ】【ka-sa】	貴方【あなた】【a-na-ta】	足【あし】【a-xi】	私【わたし】【wa-ta-xi】
猿【さる】【sa-lu】	贅沢【ぜいたく】【ze-i-ta-ku】	家庭【かてい】【ka-te-i】	桜【さくら】【sa-ku-la】
ドラマ【do-la-ma】	断片【だんぺん】【da-n-pe-n】	義理【ぎり】【gi-li】	作戦【さくせん】【sa-ku-se-n】
根拠【こんきょ】【ko-n-ki-io】	楽しい【たのしい】【ta-no-xi-i】	一時【いっとき】【i-t-to-ki】	尺寸【しゃくすん】【xi-ia-ku-su-n】
運勢【うんせい】【u-n-se-i】	歩き回る【あるきまわる】【a-lu-ki-ma-wa-lu】	国元【くにもと】【ku-ni-mo-to】	壊れ物【こわれもの】【ko-wa-le-mo-no】

（一）頭高型

所謂「頭高型」，是指第一音節爲最高音，其餘的音節都是低音。例如兩個音節的單語「傘」，發音爲「かさ」，相當於「ka-sa」的發音，第一音節「か」（ka）是最高音，第二音節「さ」（sa）則是低音。又如三個音節的外來語「ドラマ」，「do-la-ma」的發音，源自於英語「drama」的拼音，表「戲劇」的意思，第一音節「ド」（do）是最高音，第二音節「ラ」（la）與第三音節「マ」（ma）都是低音。

（二）中高型

所謂「中高型」，通常使用於三音節以上的單語，最高音的部分在於中間的音節，而前後的音節都是低音。例如三音節的單語「貴方」，發音爲「あなた」，相當於「a-na-ta」的發音，表「你」的意思，最高音的部位在中間的第二音節「な」（na），而第一音節「あ」（a）與第三音節「た」（ta）都是低音。又如四音節的單語「贅沢」，發音爲「ぜいたく」，相當於「ze-i-ta-ku」，最高音的部位在中間的二音節「い」（i）與第三音節「た」（ta），而第一音節「ぜ」（ze）與第四音節「く」（ku）都是低音。

（三）尾高型

所謂「尾高型」，是指第一音節爲低音，其餘後面的音節都是高音。例如二音節的單語「足」，發音爲「あし」，相當於「a-xi」的發音，高音位置在後

面的第二音節「し」（xi），而第一音節「あ」（a）是低音。又如三音節的單語「家庭」，發音爲「かてい」，相當於「ka-te-i」的發音，高音位置在後面的第二音節「て」（te），以及第三音節「い」（i），而第一音節「か」（ka）是低音。還有四音節的單語「国元」，發音爲「くにもと」，相當於「ku-ni-mo-to」的發音，高音位置在後面的第二音節「に」（ni）、第三音節「も」（mo）、第四音節「と」（to），而第一音節「く」（ku）是低音。

（四）平板型

所謂「平板型」，與前述「尾高型」一樣，第一音節爲低音，其餘後面的音節都是高音，但不同的是，「平板型」沒有「重音核」，也就是後方的高音是無限延長的，不僅延至本單語的最後音節，而且還繼續往後延伸至「助詞」的部分，換言之，位於單語後方的助詞，其音值也是高音。例如「私」的發音爲「わたし」，相當於「wa-ta-xi」的發音，表「我」的意思，第一音節「わ」（wa）是低音，高音位置在後面的第二音節「た」（ta），以及第三音節「し」（xi），因爲它是屬於「平板型」的聲調，因此後方如果接助詞「が」時，「が」的聲調也是高音。前文所舉「家庭」的例子，發音爲「かてい」，因爲它是屬於「尾高型」的聲調，因此後方如果接助詞「が」時，「が」的聲調必須發低音。

分析過日本語的聲調規則之後，反觀臺灣語的聲調，總督府《臺灣語教科書》特別針對臺灣語學習者說明臺灣語聲調的重要性，由於臺灣語「同音異調」〔註33〕的情形很多，因此要學習臺灣語的話，一定要先將臺灣語的「七種聲調」〔註34〕弄清楚。書中首先將臺灣語的七聲及符號做一說明，然後再將普通轉調與特殊轉調分別做說明與練習。日本語五十音爲了對應臺灣語特殊的發音，不僅創造了一些新的符號，而且在聲調系統上也下了很多工夫，以下便將教科書當中所舉的七種聲調，以及兩種轉調的方法與規則，分別敘述如下。

二、臺灣語聲調符號

日治時代的教科書中，有關臺語聲調的注記符號，可以分爲「常音」聲

〔註33〕《臺灣語教科書》，頁7。（筆者譯）

〔註34〕閩南語的聲調一般是說有八個聲調，平上去入四個聲調中再區分陰陽，因此一共有陰平、陽平、陰上、陽上、陰去、陽去、陰入、陽入八個聲調。然而，廈門音與漳州音的「上聲」音只有「陰上」而無「陽上」的音；而泉州音則不分「陰去」與「陽去」的聲調，因此扣除之後，實際上只有發出七種聲調。

調與「鼻音」聲調兩大類。此外，還有一些變調的規模，分別說明如下：

（一）常音聲調

臺語有七個聲調，但是在排列時則有八個聲調，其中第二聲與第六聲是一樣的，臺灣總督府出版的《臺灣語教科書》以及師範學校的《新選臺灣語教科書》，為了要對應臺語的七個聲調，設計了「」、「／」、「╕」、「╏」、「ᐸ」、「／」、「╎」、「╲」等符號來對應。因此常音的聲調有七種變化，現在用表格將七種聲調的例字舉出如下：

表 3-3-2；常音聲調對照表

漢　字	日本語符號	羅馬拼音符號	聲　調	調　值
君	ク ヌ	kun	陰平	55
滾	ク ヌ／	kún	陰上	51
棍	ク ヌ╕	kùn	陰去	11
骨	ク ヌ╏	kut	陰入	42
群	ク ヌ ᐸ	kûn	陽平	24
滾	ク ヌ／	kún	陽上	51
郡	ク ヌ╎	kūn	陽去	33
滑	ク ヌ╲	kụt	陽入	44

依據師範學校《臺灣語教科書》的內容，例句「大家」的日本五十音所拼讀出來的符號是「タィ╎-ヶエ╎」，臺灣語羅馬拼音是「Tai7-ke7；Tāi-kē」，音調分別是「╎」與「╎」，亦即第 7 調與第 7 調。但是這個詞的本調應該是第 7 調與第 1 調，除非後面還有連接的字組成一個詞，「家」字的第一聲調才會轉變為第 7 調，但是一般在書寫時還是應該使用本調。

（二）鼻音聲調

有關鼻音的「聲調」部分，無論是總督府的《臺灣語教科書》或是師範學校的《新選臺灣語教科書》，為了與前述「常音」的聲調符號有所區別，特別使用特殊的符號來記錄臺灣語鼻音的八個聲調，因此設計了「ь」、「ɓ」、「ɋ」、「ɒ」、「ɕ」、「ɓ」、「ю」、「▢」等圓圈形勢的符號來做記錄。現在將這七種鼻音聲調符號列表呈現如下：

表 3-3-3：鼻音聲調對照表

漢　字	日本語符號	羅馬拼音符號	聲調代碼
官	コアᵇ	Koaⁿ	1
碗	フアᵇ	óaⁿ	2
看	コ．アᑫ	Khòaⁿ	3
得	テエクᵖ	tik	4
錢	チィᑫ	chîⁿ	5
碗	フアᵇ	óaⁿ	6
定	チアᵖ	tiāⁿ	7
麼	ミィᗡ	mih	8

　　由上表可以看出日本人藉由聲調符號來表達臺語鼻音的用心，但是其中還是有一個問題，例字「麼」的日本語拼音符號爲「ミィᗡ」，從這個拼音符號中的「ᗡ」符號，可以明顯地判斷出這個字具有鼻音的成分，但是臺語「麼」字除了具有鼻音成分之外，還有「母音促音」的成分，如果是臺語羅馬拼音的話，就可以從「mih」的尾音「h」得知這是促音的字，而日本語符號當中，卻找不到對應於「h」音尾的母音促音的符號，「ミィᗡ」這個符號的結構爲，聲母「ミ」、介音「ィ」、鼻音聲調「ᗡ」，唯獨缺乏了代表「母音促音」音尾的「h」符號，這將會爲學習者帶來困境。

　　一般而言，臺語聲調在注記時，會以「本調」來標示；但實際讀音則會產生「變調」的問題，有關臺語變調的規則，將在下一節進行討論。現在要提的問題是，日治時代的教科書中所使用的聲調注記方式，有時依據「本調」來注記，有時卻依據「變調」來注記，前後不一的混亂情形，讓學習者無所適從。但也有不符合聲調規則的例子，例如「甚麼」這個詞注記爲「シア-ミィᗡ」，分別是第 1 聲調與第 4 聲調，而臺語羅馬拼音所注記的發音「Sann3-mihnn4」，分別是第 3 聲調與第 4 聲調，依據「連音變調」的規則，第 3 聲調的音會變成第 2 聲調的發音，而教科書中卻注記爲第 1 聲調，不僅非「本調」的注記，而且也不符合「變調」的規則，這個詞彙是屬於錯誤的拼音例子。

　　以「本調」爲標準來注記的例子還有「定錢」，這個詞注記爲「チアᵖ-チィᑫ」，分別是第 7 聲調與第 5 聲調，與臺語羅馬拼音所注記的「tiann7-chinn5」一樣是用「本調」來做注記；又如「看天」這個詞注記爲「コ．アᑫ-チ．ィ」，

分別是第 3 聲調與第 1 聲調，與臺語羅馬拼音所注記的「Khoann3-thinn1」一樣是用「本調」來做注記，以日本語五十音來注記臺語的拼音時，在聲調上應該和臺語的使用習慣取得一致性，才不至於造成混亂。

另外，以「變調」為標準來注記的例子如下：「怎樣」這個詞注記為「サィゎ-ィウ▶」，分別是第 1 聲調與第 7 聲調，而臺語羅馬拼音所注記的「Choann2-iunn7」發音，分別是第 2 聲調與第 7 聲調，依據「連音變調」的規則，第 2 聲調的音會變成第 1 聲調的發音，因此很顯然地，在這裏教科書是採用「變調」的標準來注記。又如「驚々」這個詞注記為「キァ▶-キァ▶」，分別是第 7 聲調與第 7 聲調，而臺語羅馬拼音所注記的「Koann1-thiann1」發音，分別是第 1 聲調與第 1 聲調，依據「連音變調」的規則，第 1 聲調的音會變成第 7 聲調的發音，因此很顯然地，在這裏教科書也是採用「變調」的標準來注記。還有「官廳」這個詞注記為「コァ▶-チ．ァゎ」，分別是第 7 聲調與第 7 聲調，而臺語羅馬拼音所注記的「Koann1-thiann1」發音，分別是第 1 聲調與第 1 聲調，依據「連音變調」的規則，第 1 聲調的音會變成第 7 聲調的發音，因此很顯然地，在這裏教科書也是採用「變調」的標準來注記。還有「飯碗」這個詞注記為「プンゎ-ヲァゎ」，分別是第 3 聲調與第 2 聲調，而臺語羅馬拼音所注記的發音「png7-oann2」，分別是第 7 聲調與第 2 聲調，依據「連音變調」的規則，第 7 聲調的音會變成第 3 聲調的發音，因此很顯然地，在這裏教科書也是採用「變調」的標準來注記。總觀聲調的注記部分，有時注記錯誤、有時採用「本調」注記，有時採用「變調」注記，顯得十分混亂而不一，這些聲調符號的注記問題，想必會造成當時一些學習上的混淆與困擾。

三、臺灣語轉調規則

（一）普通轉調

臺灣語當兩個字以上結合為一個詞彙的時候，就會產生「轉調」的情形，所謂轉調，依據《新選臺灣語教科書》的解釋說：「當連續兩個文字造成一個語句時，除了最後一個字之外，其餘的字都將喪失它原本的聲調，而產生了轉調的情形。」〔註35〕轉調的規則大致可分為「普通轉調」與「特殊轉調」，現在先將普通轉調的規則，利用表格呈現出來予以說明之：

〔註35〕張耀堂《新選臺灣語教科書》，頁 19。（筆者譯）

表 3-3-4：普通轉調規則

原　調	轉　調
上平調：第 1 聲調：無符號	下去調：第 7 聲調：❘
上聲調：第 2 聲調：／	上平調：第 1 聲調：無符號
上去調：第 3 聲調：❯	上聲調：第 2 聲調：／
上入調：第 4 聲調：✔	下入調：第 8 聲調：＼
下平調：第 5 聲調：ᒑ	上去調：第 3 聲調：❯
	下去調：第 7 聲調：❘
下去調：第 7 聲調：❘	上去調：第 3 聲調：❯
下入調：第 8 聲調：＼	上入調：第 4 聲調：✔

　　一般而言，臺灣語號稱有八個聲調，但是由於第 2 聲調與第 6 聲調同樣屬於「上聲調」，所以省略了第 6 聲調的注記，以上所列表格，一共只有七個聲調。其中原調是第 5 聲調的下平調，如果要接底下另一個字，而成爲一個詞的時候，由於漳州與泉州腔調的不同，而有兩種轉調規則，如果是泉州腔的話，就轉調爲第 3 聲調的上去調，但是符號注記並沒有隨之改變爲「❯」的符號，而是仍然注記爲「ᒑ」的符號。如果是漳州腔的話，則必須轉調成第 7 聲調的下去調，而符號注記也沒有隨之改變爲「❘」的符號。換句話說，當我們在注記拼音符號時，一律是以原調的符號來書寫，但是當念出聲音來的時候，就會依據轉調規則自動轉調成應該要轉的聲調。

　　臺灣語的轉調有一些規則可尋，在《新選臺灣語教科書》中，對應了臺灣語的轉調規則來加以說明，並舉出實際的例句做練習。茲將書中所舉的實例與說明，列出表格說明之：

表 3-3-5：轉調規則

轉調規則	本　調	轉　調
「上平聲」轉調爲「下去聲」 （第 1 聲調→第 7 聲調）	風俗：ホン-シオク＼ hoang-siok8；hoang-siók	風俗：ホン❘-シオク＼ hoang7-siok8；hōang-siók
「上聲」轉調爲「上平聲」 （第 2 聲調→第 1 聲調）	免驚：ベヌ／キァ♭ bian2-kiann1；bián-kiaⁿ	免驚：ベヌキァ♭ bian1-kiann1；bian-kiaⁿ
「上去聲」轉調爲「上聲」 （第 3 聲調→第 2 聲調）	按怎：アヌ❯-ソァ♭ an3-choann2；àn-chóaⁿ	按怎：アヌ／-ソァ♭ An2-choann2；Án-chóaⁿ

「上入聲」轉調爲「下入聲」 （第 4 聲調→第 8 聲調）	乞食：キ・ツ✦-チア＼ khit4-chiah8；khit-chiah	乞食：キ・ツ＼-チア＼ khit8-chiah8；khit-chiah
「下平聲」轉調爲「上去聲」 （第 5 聲調→第 3 聲調）	來去：ライ✔-ク・ウ✔ lai5-khu3；lâi-khù	來去：ライ＼-ク・ウ＼ lai3-khu3；lài-khù
「下去聲」轉調爲「上去聲」 （第 7 聲調→第 3 聲調）	事情：タイ┤-チィ＼ tai7-chi3；tāi-chì	事情：タイ＼-チィ＼ tai3-chi3；tài-chì
「下入聲」轉調爲「上入聲」 （第 8 聲調→第 4 聲調）	雜誌：サブ＼-チィ＼ chap8-chi3；cha̍p-chì	雜誌：サブ✦-チィ＼ chap4-chi3；chap-chì

　　上列表格所記錄的聲調規則，都是教科書依據臺灣語一般的聲調規則而定的實例，因此大致上沒有什麼問題，但是其中還是難免有一些小問題的發生，例如書中提到「下平聲」必須轉調爲「上去聲」，也就是相當於「第 5 聲調」要轉調爲「第 3 聲調」。但是依據臺灣語的轉調規則，應該是「下平聲」要轉調爲「下去聲」，也就是「第 5 聲調」要轉調爲「第 7 聲調」才是正確的規則，因此書中所記錄的部分可能是筆誤。

　　基於這個錯誤的記錄，書中所舉「來去」的例句，也就發生轉調錯誤的現象，書中的日文拼音爲「ライ✔-ク・ウ✔」相當於羅馬拼音「lai5-khu3；lâi-khù」的發音；而轉調時變化爲「ライ＼-ク・ウ＼」，相當於羅馬拼音「lai3-khu3；lài-khù」的發音，很明顯地，書中將「第 5 聲調」要轉調爲「第 3 聲調」，這是一個明顯的錯誤示範。當「來去」這個詞在發音的時候，前面一個字「來」的發音原本是「第 5 聲調」，依據臺灣語的轉調規則，應該是要轉調爲「第 7 聲調」，也就是「下平聲」必須要轉調爲「下去聲」，因此正確的轉調念法應該是「lai7-khu3；lāi-khù」才符合轉調規則。

（二）特殊轉調

　　臺灣語的轉調除了上述的規則之外，還有一些比較特殊的轉調情形，在《新選臺灣語教科書》中也做了詳盡的介紹與說明，其中的內容包含有同字異義的聲調辨識、單一字連續轉調、音便轉調、特殊記錄法等四大類，在此將分別予以說明之：

1、同字異義的聲調辨識

　　所謂「同字異義」就是同樣的漢字而有不同的意義呈現，爲了要表達這種不同的意義，因此有了不同的聲調念法，也就是說聲母、韻母的念法都一樣，而只透過聲調的不同而有所區別。在《新選臺灣語教科書》的內容中，

舉了一些實例來做練習〔註36〕，茲列表格說明之：

表 3-3-6：同字異義的聲調辨識

漢　字	意義 1	意義 2
有講無	中文：明明有卻說沒有	中文：有沒有說啊？
	日文：ないと言つた。	日文：話をしたか？
	臺灣語日文拼音： ウウI-コンノ-ボヲ﹅	臺灣語日文拼音： ウウ﹅-コンノ-ボヲ﹅
	臺灣語羅馬拼音： u7-kong2-bo5；ū-kóng-bô	臺灣語羅馬拼音： u3-kong2-boh4；ù-kóng-boh
有影無	中文：眞的沒有	中文：眞的嗎？
	日文：本當にない。	日文：本當ですか？
	臺灣語日文拼音： ウウ﹅-ィァb-ボヲ﹅	臺灣語日文拼音： ウウ﹅-ィァb-ボヲ﹅
	臺灣語羅馬拼音： u3-iann1-bo5；ù-iaⁿ-bô	臺灣語羅馬拼音： u3-iann2-boh4；ù-iáⁿ-boh
好去	中文：壽終正寢	中文：病情痊癒了
	日文：行つて良いね。	日文：良くなつたぞ
	臺灣語日文拼音： ホヲ-ク・ウ﹅	臺灣語日文拼音： ホヲ﹅-ク・ウ﹅
	臺灣語羅馬拼音： ho1-khu3；ho-khù	臺灣語羅馬拼音： ho2-khuh4；hó-khuh
無去	中文：沒有去	中文：不見了
	日文：行きません。	日文：無くなつた。
	臺灣語日文拼音： ボヲ﹅-ク・ウ﹅	臺灣語日文拼音： ボヲ﹅-ク・ウ﹅
	臺灣語羅馬拼音： bo3-khu3；bò-khù	臺灣語羅馬拼音： bo5-khuh4；bô-khuh

　　上列表格所注記的聲調，爲了讓讀者方便練習，並且區分出同字異義的聲調，因此並非以「本調」來做注記，而是以「轉調」的調值來記錄的。現在將這裏所發生的問題分析如下：

〔註36〕張耀堂《新選臺灣語教科書》，頁20。（筆者譯）

　　首先，日治時代所使用的日本語，其漢字或拼音方式都與現代的日本語有所差異，在這段實例中所出現的差異在於「促音」的使用，以現代的日本語來說，「つ」這個音如果是當做促音的話，必須縮小字體變成「っ」的形式來呈現。例如書中所舉的例句「行つて良いね」，現代日本語已轉化成「行って良いね」；「ないと言つた」，現代日本語已轉化成「ないと言った」；「良くなつたぞ」現代日本語已轉化成「良くなったぞ」；「無くなつた」現代日本語已轉化成「無くなった」等形成來呈現。由此可見，語言會隨著時代的變遷，而產生一些形式上的變化，即使是日本語本身也有所改變，因此，當我們在研究分析臺灣語與日本語之間的關聯性時，必須注意到其中的時代性。

　　其次，書中所舉的「有講無」例句的「意義 1」這部分，依照臺灣語的意思是「明明有卻說沒有」，書中所記錄的日本語發音拼為「ウウ┤-コン╱-ボヲ乀」，相當於羅馬拼音「u7-kong2-Bo5；ū-kóng-Bô」的發音，但是正確的發音應該是「ウウ┤-コン-ボヲ乀」，相當於羅馬拼音「u7-kong1-bo5；ū-kong-bô」的發音。在這裏所犯的錯誤很可能是「本調」與「轉調」的混亂所導致的問題，「講」這個字的本調是第 2 聲調，而在這裏是以「轉調」的調值來記錄的，但是有時可能會發生因為習慣而誤記的情形。

　　其三，書中所舉的「有影無」例句，的「意義 1」這部分，依照書中所翻譯的日本語意思是：「眞的沒有」，而日本語發音拼為「ウウ乀-ィァ┗-ボヲ乀」，相當於羅馬拼音「u3-iann1-bo5；ù-iaⁿ-bô」的發音。關於這個例句的意思所對應的發音，筆者從來沒聽過，因此訪談了一些日治時代的耆老，他們也沒聽過這樣的發音可以對應這樣的意思，很可能是一個錯誤的例句。

　　其四，書中所舉「無去」例句的「意義 1」這部分，依照臺灣語的意思是「沒有去」，書中所記錄的日本語發音拼為「ボヲ┤-ク・ウ┤」，相當於羅馬拼音「u7-kong2-bo5；ū-kóng-bô」的發音。但是正確的發音應該是「ボヲ┤-ク・ウ乀」，相當於羅馬拼音「bo7-khu3；bō-khù」的發音，也就是「無」這個字應該是第 7 聲調，而誤記成第 3 聲調。「無」這個字的本調是「bo5」，本來是第 5 聲調，依據轉調規則應該轉化成第 7 聲調；而如果本調為第 7 聲調，則是轉化成第 3 聲調，在這裏將「無」這個字誤記成第 3 聲調，究竟是純粹筆誤？或是由於轉調規則的習慣，而輾轉成誤？必須再做進一步的研究。

2、單一字連續轉調

　　所謂「單一字連續轉調」就是同樣的漢字連續講三次，其目的是為了加

強形容某件事的程度，因此產生了強調語氣的轉調用法。在《新選臺灣語教科書》的內容中，記錄這些連續轉調的拼音符號時，為了讓學習者容易辨識並方便拼讀，並非用「本調」來做注記，而是直接採用「轉調」的音值符號來做注記。在書中也舉了一些實例來做練習〔註37〕，茲列表格說明之：

表 3-3-7：單一字連續轉調

漢　字	本　調	連續轉調
新	中文：新	中文：非常新的樣子
	臺灣語日文拼音：シ ヌ	臺灣語日文拼音：新々々シ ヌ 〔-シ ヌ -シ ヌ
	臺灣語羅馬拼音：sin1；sin	臺灣語羅馬拼音：sin5-sin7-sin1；sîn-sīn-sin
笑	中文：笑	中文：笑得很開心的樣子
	臺灣語日文拼音：チ・ヲ	臺灣語日文拼音：笑々々：チ・ヲ-チ・ヲ-チ・ヲ
	臺灣語羅馬拼音：chhio3；chhiò	臺灣語羅馬拼音：chhio1-chhio2-chhio3；chhio-chhió-chhiò
寒	中文：冷	中文：冷得不得了
	臺灣語日文拼音：コアˇ	臺灣語日文拼音：寒々々：コアˇ-コアˇ-コアˇ
	臺灣語羅馬拼音：koann5；kôaⁿ	臺灣語羅馬拼音：koann5-koann3-koann5；kôaⁿ-kòaⁿ-kôaⁿ
大	中文：大	中文：大得不得了
	臺灣語日文拼音：トァ	臺灣語日文拼音：大々々：トァ〔-トァ-トァ
	臺灣語羅馬拼音：toa7；tōa	臺灣語羅馬拼音：toa7-toa3-toa7；tōa-tòa-tōa
白	中文：白	中文：非常白的樣子
	臺灣語日文拼音：ペ	臺灣語日文拼音：白々々：ペ〔-ペ-ペ
	臺灣語羅馬拼音：peh8；pe̍h	臺灣語羅馬拼音：peh5-peh3-peh8；Pêh-pèh-pe̍h

〔註37〕張耀堂《新選臺灣語教科書》，頁 20。（筆者譯）

　　以上所列表格中的例句，分別是以「新」、「笑」、「寒」、「大」、「白」五個單字來分析其連續轉調的特殊狀況。其中發現的問題，首先是「笑」這個字的連續轉調「笑々々」，書中拼注爲「チ・ヲ-チ・ヲ╱-チ・ヲ╲」，相當於羅馬拼音「chhio1-chhio2-chhio3；chhio-chhió-chhiò」的發音，但事實上，這句強調一個人笑得非常愉悅的狀態時，正確的發音應該是「チ・ヲ╱-チ・ヲ╱-チ・ヲ╲」，相當於羅馬拼音「chhio2-chhio2-chhio3；chhió-chhió-chhiò」的發音。其中錯誤的地方就是在於第一個「笑」字，書中將第 2 聲調誤注爲第 1 聲調，這樣念出來的臺灣語可能會帶有一些異國異樣的風味，沒有辦法表現出道地的臺灣語腔調。

　　另外，書中例句「寒々々」，強調並形容當時天氣十分地寒冷，書中將這句拼爲「コアˋ-コアˋ-コアˋ」，相當於羅馬拼音「koann5-koann3-koann5；kôaⁿ-kòaⁿ-kôaⁿ」的發音，其聲調分別是第 5 聲調、第 3 聲調、第 5 聲調。這樣的聲調雖然不能說有錯誤，但是在日常會話中，有時也會說成「コアˋ-コアˋ-コアˋ」的聲調，相當於羅馬拼音「koann5-koann7-koann5；kôaⁿ-kōaⁿ-kôaⁿ」，其聲調分別是第 5 聲調、第 7 聲調、第 5 聲調。將兩種說法做一比較的話，前後字的聲調都一樣是第 5 聲調，只有中央的字有第 3 聲調與第 7 聲調的差別，臺灣語既然有兩種不同聲調的說法，應該在書中予以補充說明。

　　3、音便轉調

　　所謂「音便轉調」，依據《新選臺灣語教科書》的解釋說：「爲了求發音上的便利性，有幾種改變的方式，有些音會以大約的讀法來讀，或是延長音調來讀，或是省略音調來讀。」〔註 38〕在書中也舉了一些實例來說明這些由於音便而產生的轉調情形，茲列表格說明之：

表 3-3-8：音便轉調舉例

漢　字	本　　調	音便轉調
四十五	臺灣語日文拼音： シィ╲-ヰブ╲-ゴオ┃	臺灣語日文拼音： シァ┣-ブ-ゴオ┃
	臺灣語羅馬拼音： si3-chap8-goo7；sì-chȧp-gōo	臺灣語羅馬拼音： siap4-goo7；siap-gōo

<hr>

〔註 38〕張耀堂《新選臺灣語教科書》，頁 21。（筆者譯）

被人打	臺灣語日文拼音： ホオ|-ラン乀-バ・ア／	臺灣語日文拼音： ホ|-ン-パ・ア／
	臺灣語羅馬拼音： hoo7-lang5-pah4；hōo-lâng-pah	臺灣語羅馬拼音： hong7-pah4；hōng-pah
與我講	臺灣語日文拼音： カァ|-ゴア／-コン／	臺灣語日文拼音： カァ|-ア／-コン／
	臺灣語羅馬拼音： ka7-goa2-kong2；kā-góa-kóng	臺灣語羅馬拼音： ka7-a2-kong2；kā-á-kóng
汝做汝食	臺灣語日文拼音： リィ／-ヲエ|-リィ／-チア丶	臺灣語日文拼音： リィ／-ヲ|-リィ／-チア丶
	臺灣語羅馬拼音： li2-che3-li2-chiah8；lí-chè-lí-chiàh	臺灣語羅馬拼音： li2-cho3-li2-chiah8；lí-chò-lí-chiàh
打不見	臺灣語日文拼音： バ・ア／-ムウ／-キイ／	臺灣語日文拼音： バ・ア／-ン／-キイ／
	臺灣語羅馬拼音： pah4-mu5-ki2；pah-mû-kí	臺灣語羅馬拼音： pah4-ng5-ki2；pah-n̂g-kí
給人聽	臺灣語日文拼音： ホオ|-ラン乀-チ・アゟ	臺灣語日文拼音： ホ|-ン-チ・アゟ
	臺灣語羅馬拼音： hoo7-lang5-thiann1；hōo-lâng-thiaⁿ	臺灣語羅馬拼音： hong7-thiann1；hōng-thiaⁿ
與人借	臺灣語日文拼音： カァ|-ラン乀-チヲ／	臺灣語日文拼音： カ|-ン-チヲ／
	臺灣語羅馬拼音： ka7-lang5-chioh4；kā-lâng-chioh	臺灣語羅馬拼音： kang7-chioh4；kāng-chioh
猶原是	臺灣語日文拼音： ィウ乀-ゴアヌ乀-シィ|	臺灣語日文拼音： ィウ乀-アヌ乀-シィ|
	臺灣語羅馬拼音： io5-goan5-si7；iô-gôan-sī	臺灣語羅馬拼音： io5-an5-si7；iô-ân-sī

　　以上表格所述的例句當中，出現了幾個問題，分別敘述如下：首先，例句「四十五」的音便轉調，書中所注記的發音爲「シィ\|-サブ丶-ゴオ\|」轉調爲「シァ／-ブ-ゴオ\|」，相當於羅馬拼音 si3-chap8-goo7；sì-chàp-gōo」轉調爲「siap4-goo7；siap-gōo」。在這裏出現了一個問題，當「si3-chap8-goo7；sì-chàp-gōo」音便轉調時，若將「si3」與「chap8」連音而產生音便轉調的話，應該是「siap8」而不是「siap4」，因此「四十五」這一句的音便轉調不應該是

「siap4-goo7；siap-gōo」時，而應該轉調爲「siap8-goo7；siȧp-gōo」。

其次，例句「被人打」的本調注記爲「ホオ｜-ラン ❰-バ・ァ❢」，而音便轉調之後變成「ホ｜-ン-パ・ァ❢」，相當於羅馬拼音「hoo7-lang5-pah4；hōo-lâng-pah」轉調爲「ホ｜-ン-パ・ァ❢」的發音。但是在臺灣語的日常會話中，「ホ｜-ン」通常會連音轉調成爲「ホ ❰-ン」，因此整句應該是「ホ ❰-ン-パ・ァ❢」，相當於羅馬拼音「hong5-pah4；hông-pah」的發音。

其三，書中例句「打不見」的本調注記爲「バ・ァ❢-ムウ❮-キイ❥」，而音便轉調之後變成「バ・ァ❢-ン❮-キイ❥」，相當於羅馬拼音「pah4-mu5-kinn3；pah-mû-kìⁿ」轉調爲「pah4-ng5-ki3；pah-n̂g-kì」。但是在臺灣語的日常會話中，「pah4」與「ng5」連音之後的音變轉調應該變成「pang2」，整句的音變轉調應該拼成「pang2-ki3；páng-kì」的發音。

其四，書中例句「給人聽」的本調注記爲「ホオ｜-ラン ❰-チ・ァ♭」，而音便轉調之後變成「ホ｜-ン-チ・ァ♭」，相當於羅馬拼音「hoo7-lang5-thiann1；hōo-lâng-thiaⁿ」轉調爲「hong7-thiann1；hōng-thiaⁿ」。但是在臺灣語的日常會話中，「hoo7」與「lang5」連音之後，其音便轉調應該是「hong5」第 5 聲調，而不是第 7 聲調，整句應該拼成「hong5-thiann1；hông-thiaⁿ」的發音。

其五，書中例句「與人借」的本調注記爲「カァ｜-ラン ❰-チヲ❢」，而音轉調之後變成「カ｜-ン-チヲ❢」，相當於羅馬拼音「ka7-lang5-chioh4；kā-lâng-chioh」轉調爲「kang7-chioh4；kāng-chioh」的發音。但是在臺灣語的日常會話中，「ka7」與「lang5」連音之後，其音便轉調應該是「kang5」第 5 聲調，而不是第 7 聲整句應該拼成「kang5-chioh4；kâng-chioh」的發音。

最後，書中例句「猶原是」的本調注記爲「ィウ ❰-ゴアヌ ❰-シィ｜」，而音便轉調之後變成「ィウ ❰-アヌ ❰-シィ｜」，相當於羅馬拼音「io5-goan5-si7；iô-gôan-sī」轉調爲「io5-an5-si7；iô-ân-sī」的發音。但是在臺灣語的日常會話中，「io5」與「an5」連音之後，其音便轉調應該是「io7-an5」，分別是第 7 聲調與第 5 聲調，而不是書中所注記的第 5 聲調與第 5 聲調，因此整句的拼音應該是「io7-an5-si7；iō-ân-sī」才是正確的。

4、特殊記錄法

所謂「特殊記錄法」就是臺灣語的書寫方式，由於讀音與意義的不同，而產生有許多不同的呈現方式：有些是讀音與意義兩者兼備的書寫方式；有些是只有記錄讀音的書寫方式；有些是只有記錄意義的書寫方式；有些是讀

音與意義兩者都找不到適當的書寫方式……等。《新選臺灣語教科書》依據這些臺灣語特殊書寫方式，特別闢一專節做練習〔註39〕。茲列表格說明之：

表3-3-9：特殊記錄法

音義兼備的書寫	呈現意義的書寫	呈現讀音的書寫	音義皆無的書寫
仁愛 ジヌ ⌐-アイ ┐ jin5-ai2；jîn-ái	讚美 ヲヲ-ロヲ ✓ o1-lo2；o-ló	猶原 イウ ⌐-ゴアヌ ⌐ iu5-goan5；iû-gôan	□□啼 ク・ウ-ク・ウ-ハウ ✓ Khu1-khu1-hau2； Khu-khu-háu
上等 シオン├-チエン ✓ siong7-teng2； siōng-téng	如此 アヌ ✓-ニィ an2-ni1；án-ni	工夫 カン-フウ kang1-hu1；Kang-hu	□□叫 フウ ⌐-フウ ⌐-キヲ ┐ hu5-hu5-kio2； hû-hû-kió
料理 リアウ├-リィ ✓ liau7-li2；liāu-lí	事情 タイ├-チィ ┐ tai7-chi3	那使 ナァ ✓-サイ ✓ na2-sai2；ná-sái	暗□□ アム ┐-ニアウ-ニアウ am3-niau1-niau1； àm-niau-niau
朋友 ビエン ⌐-イウ ✓ peng5-iu2；pêng-iú	羞恥 キァン ┐-シアウ kan3-siau3； kàn-siàu	本事 プン ✓-スウ├ pun2-su7；pún-sū	暗□□ アム ┐-ボン-ボン am3-bong1-bong1； àm-bong-bong
詳細 シオン ⌐-セエ ┐ siong5-se2；siông-sé	賢人 ガウ ⌐-らん ⌐ gau5-lan5；gâu-lân	創治 ヲ・ン ┐-チィ├ chhong2-ti7； chhóng-tī	

　　以上所列的表格中，首先例句「讚美」的拼音注記是「ヲヲ-ロヲ ✓」，相當於羅馬拼音「o1-lo2；o-ló」的發音，但是如果真的照這樣的聲調發音的話，會產生一種異國異樣而不道地的腔調，真正道地的臺灣腔調應該拼成「ヲヲ├-ロヲ ✓」，相當於羅馬拼音「o7-lo2；ō-ló」才對，也就是將第一個字「讚」的發音，自書中所注記的第1聲調改爲第7聲調。

　　臺灣總督府編的教科書也提到了特殊變調的問題，書中所呈現的大約有兩大類特殊轉調，首先是轉調成第4聲調的上入調，其次是轉調成第3聲調的上去調，另外還特別說明了結合音轉調的問題。現在就依據書中所舉的例

子列出表格予以說明如下：

（1）轉調成第 4 聲調

依據總督府「臺灣語教科書」的解釋說：「如果兩個以上的文字連續組成一個詞語時，下面的字保持原調，而上面的字依據轉調規則去進行轉調的話，是屬於一般普通的轉調。但是如果兩個字都轉調的話，就成為特殊轉調。」〔註40〕現在將書中所舉的例子用表格呈現說明之：

表 3-3-10：轉調成第 4 聲調

漢　字	原　調	轉　調
拾起來	キ・ヲ＿キ・イ　ライ khioh4_khi2_lai5 Khioh_khí_lâi	キ・ヲ＿キ・イ　ライ khioh4_khih4_lai3 Khioh_khih_lài
無去	ボヲ＿キ・イ bo5_khi3；bô_khì	ボヲ＿キ・イ bo5_khih4　；bô_khih
掀開	ヒエヌ＿クイ hen_khui1；hen_khui	ヒエヌクイ hen_khuih4；hen_khuih
後日	アウ｜ジッ au7_jit8；āu_jit	アウ｜ジッ au7_jit4；āu_jit
日時	ジッ＿シイ jit8_si5；jit_sî	ジッ＿シイ jit8_sih4；jit_sih
打死	パ・ア＿シイ phah4_si2；phah_sí	パ・ア＿シイ phah4_sih4；phah_sih
叫伊	キヲ＿イ Kio3_i1；Kiò_i	キヲ＿イ Kio3_i3；Kiò_ì
洗的	ソエ＿エ se2_e5；sé_ê	ソエ＿エ se2_eh4；sé_eh
新的	シヌエ sin1_e5；sin_ê	シヌエ sin1_e1；sin_e

以上所列的特殊轉調實例，除了「拾起來」的「來」與「叫伊」的「伊」

〔註40〕《臺灣語教科書》，頁 11。（筆者譯）

轉變成爲第 3 聲調，以及「新的」的「的」轉成第 1 聲調之外，其餘皆是自各個聲調轉變成第 4 聲調的念法。

（2）轉調成第 1 聲調

依據總督府「臺灣語教科書」的解釋說：「當稱呼人名或店名等情形的時候，利用上去調做爲開頭的字，則會將上去調轉變爲上平調。」〔註41〕也就是一個詞的第一個字，原本是第 3 聲調轉變爲第 1 聲調的情形。現在將書中所舉的例子用表格呈現說明之：

表 3-3-11：轉調成第 1 聲調

漢　字	原　　調	轉　　調
店仔	テァム）ァ／ tiam3_a2；tiàm_á	テァム_ァ／ tiam1_a2；tiam_á
印仔	イヌ）ァ／ in3_a2；ìn_á	イヌ_ァ／ in1_a2；in_á
鋸仔	クウ）ァ／ ku3_a2；kù_á	クウ_ァ／ ku 1_a2；ku 1_á
剃仔	チ・イ）ァ／ chhi3_a2；chhì_á	チ・イ_ァ／ chhi1_a2；chhi_á

以上所列的實例與普通轉調不一樣的地方，在於一般普通轉調的規則是第 3 聲調必須轉成第 2 聲調，也就是上去調轉成上聲調，但是上述的表格中，「店」、「印」、「鋸」、「剃」都是第 3 聲調的上去調，現在卻轉成第 1 聲調的上平調，打破了原有的轉調規則。

（3）結合音轉調

另外，依據師範學校《新選臺灣語教科書》，舉了一些「結合音」的特殊變調，現在列表格如下。

〔註41〕《臺灣語教科書》，頁 11。（筆者譯）

表 3-3-12：結合音例句

原來拼音	結合音拼音	臺灣語羅馬拼音
囡仔：ギヌ／-アア／（gin2-a2）	囡仔：ギヌ／-ナア（gin2-na2）	gin2-na2；gín-ná
新的：シヌ-エエㄑ（Sin-e5）	新的：シヌ-ネエ（sin-ne5）	sin-ne5；Sin-nê
窓仔：タ・ン-アア／（Thang-a2）	窓仔：タ・ン-ガア（thang-ga2）	thang-ga2；thang-gá
公的：コン-エエㄑ（kong-e5）	公的：コン-ゲエ（kong-ge5）	kong-ge5；kong-gê
柑仔：カム-アア／（kam-a2）	柑仔：カム-マア（kam-ma2）	kam-ma2；kam-má
賊仔：サ・ッ-アア／（chhat-a2）	賊仔：サ・ッ-ラア（chhat-la2）	chhat8-la2；Chha̍t-lá
彼個：ヒッㇳ-エエㄑ（hit4-e5）	彼個：ヒッㇳ-レエ（hit4-le5）	hit4-le5；hit-lê
盒仔：アブㇳ-アア／（ap4-a2）	盒仔：アブㇳ-バア 2（ap4-ba2）	ap8-pa2；a̍p-pá

在以上所列表格中，有關「聲調」的問題，例句「賊仔」的「賊」字，在臺灣語羅馬拼音拼成「chhat8」的發音，而在教科書中拼成「サ・ッ」的發音，卻沒有填上任何聲調記號，可能是筆誤所產生的問題。另外，例句「盒仔」的「盒」字，教科書中拼成「アブㇳ」的發音，相當於羅馬拼音的「ap4」發音，但是這個字在臺灣語羅馬拼音應該拼成「ap8」，聲調是屬於第 8 聲調，因此是一個很明顯的錯誤。

臺灣語聲調一共分爲 8 個聲調，第 2 與第 6 聲調其實是一樣的，因此實際上只有 7 個聲調，如果是兩個字以上形成的詞，則會產生「連音變調」的情形，這種情形是最後一個字的聲調不變，而前面的字必須有所轉變，其中變調的規則是：第 1 聲調的音變成第 7 聲調的發音；第 2 聲調的音變成第 1 聲調的發音；第 3 聲調的音變成第 2 聲調的發音；第 4 聲調的音變成第 8 聲調的發音；第 5 聲調的音變成第 7 聲調的發音；第 7 聲調的音變成第 3 聲調的發音；第 8 聲調的音變成第 4 聲調的發音。雖然在發音的時候會產生「連音變調」的情形，但是在注記拼音符號時，卻是始終以「本調」來做爲注記的標準，不能隨著「變調」的聲調來做注記，否則就會造成聲調系統的大混亂。

四、其他聲調問題

有關臺灣語的其他聲調問題還有許多值得探討之處，洪惟仁曾經針對「輕聲」〔註 42〕的問題分析其語法及語用；蕭宇超則將「輕聲與音節」〔註 43〕連併的問題做一剖析；董昭輝針對「人稱代詞的調型」〔註 44〕進行分析等，透過前人的研究，可以更加了解臺灣語聲調的豐富變化。無論是臺灣總督府或師範學校所編的教科書，有關聲調注記的部分，產生了一些錯誤之處，也是導致學習困境的因素之一。現在將這些錯誤分別列表呈現並訂正如下：

表 3-3-13：其他聲調問題舉例（1）

【漢字】鷄屎落土亦有三寸煙
【日譯】一寸ノ虫ニモ五分ノ魂
【中譯】一枝草一點露
【日音】コエ_さィ／_ロヲ◝_ト・オ‹_ィア|_ウ|_さアb_ッ・ヌ˥_ィエヌ
【羅音】ke1_sai2_loh8_thoo5_ia7_u7_sann1_chhun3_ian1； ke_sái_lo̍h_thôo_iā_ū_sa^{n}_chhùn_ian

例句「落土」的「落」字是「h」促音的第 4 聲調，依據臺灣語特殊變調規則，會從第 4 聲調變成第 8 聲調，再由第 8 聲調變至第 3 聲調，因此在日常口語時，就會變成「loh3_thoo5；lòh_thôo」的念法，這也是容易導致日本人的疑惑，造成學習臺灣語上的困境。

表 3-3-14：其他聲調問題舉例（2）

問	【漢字】有鞋無
	【日譯】靴ハアリマセンカ
	【中譯】有沒有鞋子啊
	【日音】ウ|_エ‹_ボヲ‹
	【羅音】u7_e5_bo5；ū_ê_bô

〔註 42〕洪惟仁〈閩南語輕聲及其語法、語用分析〉，載自黃宣範編《第二屆台灣語言國際研討會論文選集》，頁 419～445，文鶴出版有限公司，1998 年 8 月。

〔註 43〕蕭宇超〈輕聲與音節連併〉，載自《第一屆台灣語文研究及教學國際學術研討會》，靜宜大學台灣語文學會主辦，2004 年 5 月。

〔註 44〕董昭輝〈從閩南語人稱代詞之調型談起〉，載自《第一屆台灣語言國際研討會論文集》，頁 c6～01～07，國立台灣師範大學國文學系主辦。

答	【漢字】有
	【日譯】ハイ、アリマス
	【中譯】有
	【日音】ウ｜
	【羅音】u7；ū

　　例句「有鞋無」是一個問句，意思是問對方有沒有鞋子，那麼這裏的「有」字應該由第 7 聲調轉調為第 3 聲調，而「無」字則應該由第 5 聲調轉調為第 4 聲調的促音。因此這個句子的本調是「ウ｜エ╮ボヲ╮」，相當於羅馬拼音「u7_e5_bo5；ū_ê_bô」的音；而轉調之後則變為「ウウ╮-エ╮ボヲ╯」，相當於羅馬拼音「u3_e5_boh4；ù_ê_boh」的音。這個情形在後面的例句中層出不窮，諸如「汝有無」、「汝有錢無」、「彼號米有食無」、「西洋料理有好食無」、「保正有來無」、「汝去買買有無」、「汝釣有無」、「彼領衫有穿無」、「彼號米有食無」等，都是一樣的轉調現象，既然是相同的語法轉調規則，應該在書中特別予以說明，以利於學習者日常生活會話的運用。在書寫聲調符號的時候，雖然還是以本調為注記的符號，但是一個句子往往會因為不同的轉調念法而產生各種不同的意義，因此在書中應該加以補充說明。

表 3-3-15：其他聲調問題舉例（3）

問	【漢字】汝有錢無
	【日譯】君ハ錢ハアリマスカ
	【中譯】你有沒有錢啊
	【日音】リィ╱_ウ｜_チィ╲_ボヲ╮
	【羅音】li2_u7_chinn5_bo5；lí_ū_chîⁿ bô
答	【漢字】有，我有二角銀
	【日譯】ハイ、私ハ二十錢アリマス
	【中譯】有，我有兩角錢
	【日音】ウ｜，ゴア╱_ウ｜_ヌンㇷ゚_カク╯_グヌ╮
	【羅音】u7，goa2_u7_nng7_kak4_gun5； u7，góa_ū_nng_kak_gûn

　　「汝有錢無」的「無」字，書上拼成「ボヲ╮」，相當於羅馬拼音「bo5；

bô」的音，又例如「有講無」這個句子，如果念成「ウウ」-コン-ボフ 」，相當於羅馬拼音「u7-kong1-Bo5；ū-kong-Bô」的發音的時候，意思是指「明明有卻說沒有」的肯定句；但是如果念成「ウウ」-コン -ボフ 」，相當於羅馬拼音「u3-kong2-boh4；ù-kóng-boh」的時候，意思是指「有沒有說啊？」的疑問句。現在回到書中所舉的例子「有鞋無」這個句子，對方回答：「有」，則很明顯的這是一個疑問句，與前述「有影無」和「有講無」兩個疑問句一樣，應該將一個字「有」由第 7 聲調轉調為第 3 聲調，而最後一個「無」的漢字則應該由第 5 聲調轉調變成為第 4 聲調的促音，而拼成「ウウ」-エ ボヲ 」的音，相當於羅馬拼音「u3_e5_boh4；ù_ê_boh」的音，這樣才能正確地表示疑問句的語氣與發音。

表 3-3-16：其他聲調問題舉例（4）

問	【漢字】有來無
	【日譯】來マシタカ
	【中譯】有沒有來啊
	【日音】ウ」_ライ ボヲ
	【羅音】u7_lai5_bo5；ū_lâi_bô
答	【漢字】有，有來
	【日譯】ハイ、來マシタ
	【中譯】有，有來
	【日音】ウ」，ウ」_ライ
	【羅音】u7，u7_lai5；ū，ū_lâi

　　例句「有來無」的「無」字，教科書拼為「ボヲ 」，相當於臺灣語羅馬拼音「bo5；bô」的發音，以詞彙的使用習慣來說，「無」字用來表示「否定」時，發音為第 5 聲調；而當做「疑問句尾」使用時，則應該變調為「輕聲」〔註45〕，藉由聲調的變化來辨別詞彙的語法與意義的不同，如此才不會造成學習上的困境。

〔註45〕「無」字當做「疑問句尾」使用時，發音為「bo0」，表示沒有任何聲調的輕聲。參考董忠司總編《臺灣閩南語辭典》。但是沈富進《彙音寶鑑》中的「無」字只有文音與白音兩種分別，文音拼成「bu5」的音；而白音則拼成「bo5」的音。

表 3-3-17：其他聲調問題舉例（5）

問	【漢字】要去何位	
	【日譯】何處ヘ行キマスヵ	
	【中譯】要去哪裡	
	【日音】ベエˊ_キ・イ˥_トヲ˥_ウィ˥	
	【羅音】beh4_khi3_to2_ui7 ；beh_khì_tó_ūi	
答	【漢字】要去基隆	
	【日譯】基隆ヘ行キマス	
	【中譯】要去基隆	
	【日音】ベエˊ_キ・イ˥_コエ_ランˋ	
	【羅音】beh4_khi3_koe1_lang5；beh_khì_koe_lâng	

　　例句「要去何位」以及「要去基隆」漢字「要」的拼音，書中的日本語五十音拼成「ベエˊ」，相當於羅馬拼音「boeh4；boeh」的音，依據臺灣語聲調的特殊變調規則，「h」的促音若是第 4 聲調，則會特殊轉調為第 2 聲調，而念成「boeh2；bóeh」的發音，有關這個特殊轉調的部分，是日本人學習臺灣語的一大困境所在，必須配合課堂跟隨老師做口語練習，以及在日常生活中接觸臺灣人做實際的會話見習。

表 3-3-18：其他聲調問題舉例（6）

【漢字】亦要父亦要饅頭粿
【日譯】河豚ハ食ヒタシ命ハ惜シィ
【中譯】賺錢也須顧及生命（日）；魚與雄掌不可兼得（臺）
【日音】ィァ˥_ベエˊ_ペエ˥_ィァ˥_ベエˊ_ビヌ˥_タ・ウˋ_ケエˊ
【羅音】ia7_beh4_pe7_ia7_beh4_bin7_thau5_ke2；iā_beh_pē_iā_beh_bīn_thâu_ké

　　例句中「饅頭」的「饅」字拼成「ビヌ˥」，相當於羅馬拼音「bin7；bīn」的音，但是臺灣語應該是拼成「ban5；bân」的音，以本調第 5 聲調做為註記符號的話，比較能夠建立學習者對聲調的正確認知。

表 3-3-19：其他聲調問題舉例（7）

問	【漢字】汝知不	
	【日譯】君知ッテキマスカ	
	【中譯】你知道嗎	
	【日音】リィ＿サィ＿ムゥ	
	【羅音】li2_chai7_m7；lí_chāi_m̄	
答	【漢字】我知	
	【日譯】我ハ知ッテキマス	
	【中譯】我知道	
	【日音】ゴア＿サィ	
	【羅音】goa2_chai1；góa_chai	

　　例句「汝知不」的「知」字，書中日本語拼成「サィ」，相當於羅馬拼音「chai7；chāi」的音，聲調是第 7 聲調；而例句「我知」的「知」字，書中日本語拼成「サィ」，相當於羅馬拼音「chai1；chai」的音，聲調是第 1 聲調，前後聲調相互矛盾，可能是筆誤所致。

表 3-3-20：其他聲調問題舉例（8）

【漢字】倩賊守更
【日譯】貓二鰹節
【中譯】肉包子打狗有去無回；引狼入室
【日音】チ・アゥ＿チ・ッ＿チウ＿キィゥ
【羅音】chhiann3_chhat4_chiu2_kinn1；chhiàⁿ_chhat_chiú_kiⁿ

　　首先看拼音的部分，例句「倩賊守更」的「賊」字，書中日本語拼成「サ・ッ」，相當於羅馬拼音「chhat4；chhat」的音，而臺灣語拼音是「chhat8；chha̍t」的音，顯然是聲調出了問題，將原本的第 8 聲調誤寫爲第 4 聲調。

表 3-3-21：其他聲調問題舉例（9）

問	【漢字】此條面巾要給甚人
	【日譯】コノタオルハ誰ニヤルノデスカ
	【中譯】這條毛巾要給甚麼人

	【日音】チッ＿チアウ／＿ビヌ｜クヌ＿ベエ／ホオ｜シアб＿ラン乚
	【羅音】chit4_tiau2_bin7_kun1_beh4_hoo7_siann2_lang5； chit_ tiáu_bīn_kun_beh_hōo_siáⁿ_lâng
答	【漢字】汝若欲給汝
	【日譯】君ガ欲シイナララゲマス
	【中譯】如果你要就給你
	【日音】リイ／＿ナアト＿アイ｜ホオ｜リイ／
	【羅音】li2_n7_ai3_hoo7_ li2；lí_ñ_ài_hōo_ lí

例句「此條面巾」的「條」字，書中日本語拼成「チアウ／」的音，相當於羅馬拼音「tiau2；tiáu」的音，也就是發出第 2 聲調，但是這個漢字應該拼成第 5 聲調才是正確的。書中還有另一個例句「此條事情」的「條」字，書中日本語拼成「チアウ」的音，相當於羅馬拼音「tiau1；tiau」的音，也就是拼成第 1 聲調，但是這個漢字應該拼成第 5 聲調。

表 3-3-22：其他聲調問題舉例（10）

【漢字】拗漫却是眞拗漫，不拘我無欲與伊計較
【日譯】ズルイコトハズルイダガ私ハ彼ト爭ヒタクアリマセン
【中譯】雖然很蠻橫不講理，但是我不要和他計較
【日音】アウ／＿バヌ乚＿キ・オク！シィ｜＿チヌ＿アウ／＿バヌ乚，ムト＿クウ／＿ 　　　ゴア／＿ボヲ乚＿アイ｜＿かア！＿イ＿ケエ｜＿カウ！
【羅音】 au3_ban5_ khiok4_si7_chin1_ au3_ban5，m7_ku2_goa2_bo5_ai3_kah4_i1_ke3_kau3； àu_bân_ khiok_sī_chin_ àu_bân，m̄_kú_góa_bô_ài_kah_i_kè_kàu

「拗漫」的「拗」字，書中日本語拼成アウ／，相當於羅馬拼音「au3；àu」的第 3 聲調，但是個漢字的聲調應該是第 2 聲調，也就是拼成「au2；áu」的發音。這個誤差可能與轉調的習慣有關，「拗漫」經過轉調後的正確發音是「au_ban5；au_bân」，也就是「拗」個字從第 2 聲調轉至第 1 聲調，但是有部分臺灣人在日常會話時，將「拗漫」說成「au2_ban5；áu_bân」，依據臺灣語的轉調規則，說成「au2；áu」的發音時，它的本調是第 3 聲調「au3；àu」，而轉成第 2 聲調，日本人在編制教科書時，有可能會受身旁臺灣發音的影響而寫成第 3 聲調，因此導致錯誤的聲調注記。

　　師範學校所編的教科書中，聲調部分並沒有依照一般注記的規則使用「本調」，而是依據說話時所發出的「變調」或「轉調」來注記，其中出現了一些問題，現在一一予以說明。例句「彼號不是時錶仔」，依據傳統方法，本調應該注記為「hit4_lo7_mui7_si7_si5_pio2_aa2」，但是書中的日本語五十音注記為「ヒッ ＼_ロフ│_ムウ ੧_シィ │_シィ│_ピフ_アア ✓」，相當於臺灣語羅馬拼音的「hit8_lo7_mui3_si3_si3_pio1_aa2；hit_lō_mùi_sì_sì_pio_áa」發音。依據轉調的規則，上述第一個詞「彼號」的本調發出第 4 聲調與第 7 聲調時，前面第一個字應該轉變為第 8 聲調；而第二個詞「不是時錶仔」的本調發出第 7 聲調、第 7 聲調、第 5 聲調、第 2 聲調、第 2 聲調，因此變調為第 3 聲調、第 3 聲調、第 3 聲調或第 7 聲調、第 1 聲調、第 2 聲調。總合上述的句子，將前後兩段詞合起來的變調念為「8733312」或「8333312」，由此可見，書中所注記的聲調符號必非本調，而是變調。依據平常會話的變調來做注記，固然方便學習者在進行會話時的習慣養成，然而容易讓學習者忘記本調的調值，而產生混亂的情形，造成臺灣語學習上的障礙與困境。「我是公學校的學生」例句中「的」字，書中日本語發音拼成「エエ ＼」，相當於羅馬拼音「eh8；eh」的發音，而這個字的聲調應該是第 5 聲調，拼成「e5；ê」的音才對，如果依據變調規則的話，在這裏應該注記為第 7 聲調，注記為「e7；ē」的拼音符號，並非是促音的符號。

　　例句「汝是甚麼人」的「汝」字，書中日本語發音拼成「ルウ ✓」，相當於羅馬拼音「lu2；lú」的發音，比較傾向於文言或泉州地區的拼音與漢字用法。「汝」這個漢字的本調就是第 2 聲調，依據變調規則，在這裏應該轉變成第 1 聲調，而書中依然使用其本調第 2 聲調，可能用意是在強調「你」的強烈語氣，否則不符合變調規則，既然要使用變調做為注記符號，就應該前後一致，不可時而本調時而變調，而且在教科書的開頭或是語法練習的開始之處，應該有所說明，才不至於讓學習者無所適從。例句「汝有飼豬無」的「無」這個漢字，書中的日本語五十音注記為「ボヲ ❮」，相當於羅馬拼音「bo5；bô」，「無」這個漢字的本調雖然是第 5 聲調，而且又在句子的結尾，可以不必變調，但是這本教科書在介紹語法之前，曾經在練習聲調念法的篇章中，介紹過「同字異義」的問題，由於同樣的漢字會有不同的意義呈現，為了要表達這種不同的意義，因此有了不同的聲調念法。

　　例句「有講無」這句詞彙，如果要表示「明明有卻說沒有」的意思時，

結尾詞「無」這個漢字就發出本調的調值，也就是第 5 聲調，而第一個漢字「有」是屬於單獨存在的詞，用來強調「明明有」的意義，因此這個漢字不能變調，依然念成原來的本調，也就是第 7 聲調，整句話念成「u7-kong 1 -Bo5；ū-kóng-Bô」的發音；而當要表達出「有沒有說啊？」的意思時，結尾詞並非「無」，而是「講」這個漢字，因此「講」必須發出本調的調值，也就是第 2 聲調，而「無」這個漢字用來表示疑問的語氣，其調值就必須轉變成第 4 聲調，整句話應該念成「u3-kong2-Boh4；ù-kóng-Boh」。「有講無」這句詞彙，雖然是呈現出同樣的漢字，但前者用來表示「肯定句」，「無」字發出第 5 聲調，而後者用來表達「疑問句」，「無」字就必須發出第 4 聲調。反觀本文例句「汝有飼豬無」，很明顯地是一個「疑問句」，因此「無」個漢字應該發做第 4 聲調才符合臺灣語的會話情境，也才能呼應這本教科書前半段有關聲調的說明，既然是同一本教科書，前後的說明與舉證應該一致，否則會導致學習者無所適從。

　　例句「何時」的「何」這個漢字，書中的日本語五十音注記為「チイ」，相當於羅馬拼音「tih4；tih」的發音，但是這個字的本調是第 5 聲調，在這裏應該變為第 7 聲調或第 3 聲調，絕不是促音的第 4 聲調。另外還有「返去」的「返」這個漢字，書中的日本語五十音注記為「ツン」，相當於羅馬拼音「tng7；tng」的發音，但是這個字的本調是第 2 聲調，以「返去」這個語詞來說，「去」是「返」的語尾助詞，因此「返」可以看做是最後一個字，在這裏不需要變調，在臺灣語中這個詞通常習慣念成「tng2_khu3；tńg_khù」，也就是「返」這個漢字應該改為第 2 聲調。

　　例句「在要」詞彙，書中的日本語五十音注記為「チッ_ベェ」，相當於羅馬拼音「tit8_be2；tit_bé」，但是「要」這個漢字的發音是屬於促音的第 4 聲調，經過變調而轉變成第 8 聲調，因此「在要」這個詞的發音應該是相當於「tit8_beh8；tit_beh」的音。

　　例句「下晡伊幾點要起身」的「伊」這個漢字，書中的日本語五十音注記為「イイ」，相當於羅馬拼音「i1；i」的音，而這個漢字的本調是第 7 聲調，在這裏用來強調主語，因此不須要變調，依然讀成本調「i7；ī」就可以。還有「幾點要起身」的「要」這個漢字，書中的日本語五十音注記為「ベェ」，相當於羅馬拼音「be1；be」的音，而這個漢字的本調是第 4 聲調，經過變調而轉變成第 8 聲調，因此應該念成「beh8；beh」的發音。

例句「行幾里路」的「行」，書中的日本語五十音注記爲「キアイ」，相當於羅馬拼音「kiann5；kiân」的發音，這本教科書的語法練習是採「變調」的注記符號，而「行」的本調爲第5聲調，應該轉變爲第7聲調才對，因此可以更正爲「キアト」的符號，相當於羅馬拼音「kiann7；kiā」的發音。

例句「汝敢能曉聽客話乎」的「曉」這個漢字，書中的日本語五十音注記爲「ヒアウ」，相當於羅馬拼音「hiao2；hiáo」。「曉」這個漢字的本調是第2聲調，在這裏應該變調爲第1聲調。如果是「沒曉得」的詞語，「得」是「曉」的語尾助詞，因此最後一個字是「曉」，這句話的「曉」字就可以使用本調，也就是念成「boe3_hiao2_tit4；bòe_hiáo_tit」的聲調，至於「汝敢能曉聽客話乎」這句疑問句的「曉」字並非結束語，因此必須變調至第1聲調。例句「客話」的「客」字，書中的日本語五十音注記爲「ケ・エ」，相當於羅馬拼音「kheh4；kheh」的發音，「客」這個漢字的本調就是第4聲調，在這裏應該變調爲第8聲調，日本語的注記符號應更正爲「ケ・エ」，相當於羅馬拼音「kheh8；khèh」的發音。既然本書的語法練習是採取「變調」的標準來注記，就應該前後一致，才不會讓學習者產生混亂。

例句「gap 4；gap」的發音是屬於「本調」，而這本教科書的語法部分是使用「變調」的注記方式，因此應該將這句話的拼音，依據變調的規則應該更改爲「goa2_gah8_ru2；góa_gàh_rú」，也就是將「及」改爲第8聲調。

例句「食頭路」的「食」這個漢字，書中的日本語五十音注記爲「チア」，相當於羅馬拼音「chia3；chià」的發音，但是這個漢字的臺灣語發音應該是拼做「chiah8；chiàh」的促音第8聲調，經過變調之後拼爲第4聲調，因此應該更正爲「chiah4；chiah」的拼音。

例句「卒業」是畢業的意思，但是臺灣語的「卒」這個字只有兩種用法，一種是「鬱卒」，臺灣語的變調拼做「ut8_chut4；ùt_chut」的發音，表示鬱悶的意思；另一種是「卒仔」，臺灣語的變調拼做「chut8_a2；chùt_á」，表示小角色的意思。如果要表達「畢業」的意思，應該說成「出業」，臺灣語的變調規則拼做「chhut8_giap4；chhùt_giap」的發音。現在書中將畢業寫成「卒業」的漢字，很明顯地是日本語的用法，日本語的畢業正是「卒業」，雖然日本人一看到這個漢字就能理解是畢業的意思，但卻不是道地的臺灣語，這種受到母語影響而產生的誤差也是一種學習的困境。

例句「菜有買便々」的「有」這個漢字，書中的日本語五十音注記爲「ウ

ウ｜」，相當於羅馬拼音「u7；ū」的發音，但是這個發音是第 7 聲調，正好是「有」字的本調發音，依據變調規則應該變為第 3 聲調，因此應更正為「u3；ù」的拼音符號。

　　例句「姑不終即向人借」的「即」字，書中的日本語五十音注記為「チア╱」，相當於羅馬拼音「chia2；chiá」的發音，依據臺灣語的發音，這個「即」字應該是第 4 聲調的促音，經過變調後轉為第 8 聲調，因此拼音注記應該是「chiah8；chia̍h」的發音。

　　例句「彼個賊仔」的「個」這個漢字，書中的日本語五十音注記為「エエ｜」，相當於羅馬拼音「e3；è」的發音，但是依據臺灣語的發音應該是拼成「e5；ê」的發音，經過變調之後轉為「e7；ē」的注記符號。

　　例句「甚麼人」的「麼」這個漢字，書中的日本語五十音注記為「ミイ♪」，相當於羅馬拼音「bihnn4；bihⁿ」的發音，而這個發音是「麼」字的本調，依據這本教科書的語法練習部分，是以變調為注記的標準，因此必須將 4 聲調轉變為第 8 聲調，也就是注記為「bihnn8；bi̍hⁿ」的發音。

　　例句「若要放大炮」的「要」字，書中的日本語五十音注記為「ベエ」，相當於羅馬拼音「be1；be」的發音，依據臺灣語的語音與用字習慣，應該使用「欲」的漢字，拼成「beh4；beh」的發音，經過變調之後轉為「beh8；be̍h」的第 8 聲調促音，比較符合臺灣語的用法。另外，例句「好」的漢字，書中的日本語五十音注記為「ホオ╱」，相當於羅馬拼音「hooh；hooh」的發音，依據臺灣語拼音應該是「ho2；hó」的拼音，而不是第 4 聲調的促音。

　　例句「曾去內地」的「曾」這個漢字，書中的日本語五十音注記為「バッ╱」，相當於羅馬拼音「bat4；bat」的發音，依據臺灣語的習慣，這個字的本調是促音的第 4 聲調，經過變調之後應該轉為第 8 聲調，因此必須更正為「bat8；ba̍t」的注記符號。

　　例句「博覽會」的「博」這個漢字，書中的日本語五十音注記為「ポ・ク╱」，相當於羅馬拼音「phok4；phok」的發音，但是這個漢字的本調是促音的第 4 聲調，經過變調之後應該轉為第 8 聲調，因此也必須更正為「phok8；pho̍k」的發音注記。

　　例句「我識伊」的「識」這個漢字，書中的日本語五十音注記為「バッ╱」，相當於羅馬拼音「bat4；bat」的發音，依據臺灣語的習慣，這個字的本調是促音的第 4 聲調，經過變調之後應該轉為第 8 聲調，因此必須更正為「bat8；ba̍t」

的注記符號。

例句「此張批」的「此」這個漢字，書中的日本語五十音注記爲「チッ ♪」，相當於羅馬拼音「chit4；chit」的發音，依據臺灣語的習慣，這個字的本調是促音的第 4 聲調，經過變調之後應該轉爲第 8 聲調，因此必須更正爲「chit8；chit」的注記符號。

例句「水牛」的「水」字，書中的日本語五十音注記爲「スイ╱」，相當於羅馬拼音「sui2；súi」的發音，這個漢字的本調是第 2 聲調，經過變調之後應該注記爲第 1 聲調。

例句「到分」的「到」這個漢字，書中的日本語五十音注記爲「カウ╲」，相當於羅馬拼音「kau3；kàu」的發音，依據臺灣語的拼音習慣，「到」這個漢字的本調是第 3 聲調，經過變調之後應該轉變爲第 2 聲調，也就是發做「kau2；káu」的發音。

例句「我即罔尋看覓」的「即」這個詞，書中的日本語五十音注記爲「チア♪」，相當於羅馬拼音「chiah4；chiah」的發音，依據臺灣語的習慣，這個字的本調是促音的第 4 聲調，經過變調之後應該轉爲第 8 聲調，因此必須更正爲「chiah8；chiah」的注記符號。

例句「彼漢」，書中的日本語五十音注記爲「ヒッ♪」，相當於羅馬拼音「hit4；hit」的發音，依據臺灣語的習慣，這個字的本調是促音的第 4 聲調，經過變調之後應該轉爲第 8 聲調，因此必須更正爲「hit8；hit」的注記符號。

例句「無張持」的「張」這個漢字，書中的日本語五十音注記爲「チウ♭」，相當於羅馬拼音「tiunn1；tiuⁿ」的發音，這個字的本調是第 1 聲調，經過變調之後應該轉爲第 7 聲調，因此必須更正爲「チウ▮」，相當於羅馬拼音「tiunn7；tiūⁿ」的發音。另外，例句「被伊偷食去」的「被」字，書中的日本語五十音注記爲「ホオ▮」，相當於羅馬拼音「hoo7；hōo」的發音，但是這個字的本調是第 7 聲調，經過變調之後應該轉爲第 3 聲調，因此必須更正爲「ホオ╲」，也就是「hoo3；hòo」的發音。

例句「理由」的「理」這個漢字，書中的日本語五十音注記爲「リィ╱」，相當於羅馬拼音「li2；lí」的發音，依據臺灣語的習慣，這個字的本調是第 2 聲調，經過變調之後應該轉爲第 1 聲調，因此必須更正爲「li1；li」的注記符號。另外，例句「即不敢」的「即」這個漢字，書中的日本語五十音注記爲「チア╱」，相當於羅馬拼音「chia2；chiá」的發音，但是這個漢字的拼音是

第 4 聲調的促音，經過變調之後應該轉為第 8 聲調的促音，因此必須更正為「chiah8；chiah」的注記符號。

　　例句「約束」的「約」這個漢字，書中的日本語五十音注記為「ィオク 」，相當於羅馬拼音「iok4；iok」的發音，但是這個漢字的本調拼音是第 4 聲調的促音，經過變調之後應該轉為第 8 聲調的促音，因此必須更正為「iok8；iȯk」的注記符號。

　　例句「總是」的「是」字，書中的日本語五十音注記為「シイ」，相當於羅馬拼音「si7；sī」的發音，然而「是」這個漢字的本調即為第 7 聲調，經過變調之後應該轉為第 3 聲調，因此最好更正為「si3；sì」的發音。

　　例句「拋漫却是真拋漫」的「却」字，書中的日本語五十音注記為「キ・オク 」，相當於羅馬拼音「khiok4；khiok」的發音，但是這個漢字的本調拼音是第 4 聲調的促音，經過變調之後應該轉為第 8 聲調的促音，因此必須更正為「khiok8；khiȯk」的注記符號。

　　例字「厭」，拼成「キァ 」，相當於羅馬拼音「kiann1；kiaⁿ」的發音，但是依據臺灣語拼音有兩種聲調的不同念法：如果念成「iam1；iam」第 1 聲調的話，是飽足的意思；而如果拼成「iam3；iàm」第 3 聲調的話，則是厭棄的意思，無論是第 1 聲調或第 3 聲調，都不應該拼成「kiann1；kiaⁿ」的發音，因此應該是拼音上的錯誤。

　　例句「能觸人沒」的「觸人」這個詞，書中的日本語五十音注記為「タク _ラン 」，相當於羅馬拼音「tak4_lang5；tak_lâng」；而另一例句「攏沒觸人」的「觸人」這個詞，書中的日本語五十音注記為「タク _ラン 」，相當於羅馬拼音「tak4_lang3；tak_làng」的發音，前後兩者的拼音差別在於「人」這個漢字，前者拼為第 5 聲調，後者拼為第 3 聲調。如果是拼做第 5 聲調的話，表示「人」字是最後一個字不變調，那麼前一個字「觸」就必須從本調的第 4 聲調促音，變調為第 8 聲調；如果是拼做第 3 聲調的話，表示「人」字是連結前一個字的語詞，那麼「觸人」這個詞要視為一個結合詞，其拼音方式就可以依照書中所拼注的「tak4_lang3；tak_làng」發音。

　　總結以上所敘述的「聲調的困境」這一節，臺灣語和日本語之間本來就存在著聲調上的一些差異，臺灣語一共有七種聲調，而日本語的聲調則只有比較性的高音與低音的分別而已，並沒有一個絕對性的音值存在，也沒有任何有關聲調的符號。總督府所編制的教科書是依照傳統，以「本調」的形式做注記，

在聲調部分大致上還能對應臺灣語的聲調，反而是在聲母與韻母的拼音符號上會比較有一些根本問題的存在，有待進一步地研究方能尋得解決之道。而師範學校所編的教科書則以「轉調」的形式做注記，有時會產生一些判讀的迷思，造成一些學習上的困境。在學習臺灣語的過程之中，日本人為了編制臺灣語教科書，採用了臺灣語八種聲調的符號，添加在日本語五十音的符號旁，勉強對應臺灣語的八種聲調。在這些聲調的使用過程中，所產生的一些差異性，是屬於一種語言系統上的根本差異，這種根本上的差異，有時利用任何技巧都無法彌補其發音上的缺失，想要彌補這些發音上的缺失，唯有透過模仿老師或臺灣人的口音才能辦到，因此課堂上隨著臺灣語授課老師的發音做實際地練習，就成為在臺灣語學習的過程中，不可或缺而絕對必要的歷程，如此才能在與臺灣人溝通的同時，又能說出一口道地的臺灣語。

第四節　文白夾雜

臺灣語的語音有「文言音」與「白話音」兩種，文言音多使用於書面文章，而白話音則在日常生活會話中使用，張學謙曾經針對臺灣語的語層與語用問題，將臺灣語的「文言引用層」〔註46〕與「本土層」〔註47〕進行研究分析。日治時代所編的教科書中，也存在著文言音與白話音夾雜的問題，讓學習者產生混淆，造成學習上的困境。現在依據書中所舉的例子一一列表說明如下：

一、有

表 3-4-1：文白夾雜例句（1）

【漢字】趁錢有數生命着顧
【日譯】生命ハ大切ニセねバナラナィ
【中譯】金錢誠可貴，生命價更高

〔註46〕所謂「文言引用層」就是用文言音讀的臺灣語詞，例如「意料之中」、「求之不得」的「之」字等。參見張學謙〈台語虛詞的語層及語用〉，載自黃宣範編《第二屆台灣語言國際研討會論文選集》，頁 451～461，文鶴出版有限公司，1998 年 8 月。

〔註47〕所謂「本土層」就是日常生活所使用的臺灣語，凡是接近口語的文類都屬於本土層，例如諺語、童謠、民謠、流行歌等。參見張學謙〈台語虛詞的語層及語用〉，頁 457。

【日音】タ・ヌ˥_チィᐸ_ィウ／_ソオ˥_シィ˥_ミアᑲ_チヲˋ_コオ˥	
【羅音】than3_chinn5_iu2_soo3_si3_miann7_tioh8_koo3； thàn_chî^{n}_iú_sòo_sì_miā^{n}_tio̍h_kòo	

例句「趁錢有數生命着顧」的「有」字，有白音與文音兩種讀法，如果是讀成白音的話，應該拼爲「ウ|」的音，相當於羅馬拼音「u7；ū」的音；如果是讀成文音的話，則應該拼爲文音「ィウ／」的音，相當於羅馬拼音「iu2；iú」的音。這個念法與本段「有、無」的語法例句不同，前述的語法例句諸如有鞋無、汝有無、汝有錢無、西洋料理有好食無、有來無、保正有來無、買有無、汝去買買有無、汝釣有無、彼領衫有穿無、彼號米有食無……等，都是使用白音的念法。上述例句「趁錢有數生命着顧」由於是臺灣俚諺，不同於一般日常用語使用白音的習慣，在俚諺的念法中，文音或白音必須依情況而定，因此在這裏念成文音「iu2；iú」的音，透過兩種音韻的比較與對照，恰好可以讓學習者進一步了解文音與白音的差異性。

表 3-4-2：文白夾雜例句（2）

【漢字】有燒香有保庇、有食有行氣
【日譯】燒香スレバ加護アリ、物を食ベレバ效驗ガアル
【中譯】一分耕耘一分收穫
【日音】ウ_シフ_ヒウᑊ_ウ|_ポフ／_ピイ˥、ウ|_チアˋ_ウ|_キアᐸキ・イ˥
【羅音】u7_sio1_hiunn1_u7_po2_pi3、u7_chih8_u7_kiann5_khi3； ū_sio_hiu^{n}_ū_pó_pì、ū_chi̍h_ū_kiâ^{n}_khì

這一句雖然也是臺灣俚諺，但是「有」這個漢字卻念成「u7；ū」的白音，與前表所列的例句「趁錢有數生命着顧」的「有」字，念成文音「iu2；iú」的情況是不一樣的，因此印證了前文所述的論點，日常的會話用語一般都使用白音，而俚諺則依情況而定，有白音與文音兩種使用方法，在這裏剛好可以給學習者一個相互比照的機會。

二、甚

表 3-4-3：文白夾雜例句（3）

問	【漢字】欲學甚麼？

	【日譯】何を習いたいですか？
	【中譯】想學什麼呢？
	【日音】ベエ◣ ヲ◣ シム◢ ＿ミイ◣
	【羅音】beh4-oh4-sim2-mi4；beh-oh-sím-mi
答	【漢字】欲學台語
	【日譯】台湾語を習いたいです
	【中譯】想學台語
	【日音】ベエ◣ ヲ◣ ダイ◣ ＿ワン＿ウエ◣
	【羅音】beh4-oh4-dai5-wan1-ue7；beh-oh-dâi-wan-ūe

　　例句「欲學甚麼」的「甚」這漢字，書中日本語發音為「シム◢」，相當於羅馬拼音「sim2；sím」的音，而這個字有文音與白音兩種發音，書中所注記的「sim2；sím」發音比較接近文音「sim7；sīm」的發音，指的是尤與深的意思，例如「欺人太甚」等，而這個漢字的白音是發做「sann3；sàⁿ」的音，也就是代表「甚麼」的疑問詞，書中的注記應該是錯誤的。

三、拋、披、飛

表 3-4-4：文白夾雜例句（4）

漢　字	日本五十音	臺灣語羅馬拼音
常音：笆	パア	pa
有氣音：拋	パ．ア	pha
常音：陂	ピィ	pi
有氣音：披	ピ．ィ	phi
常音：孵（口旁）	プウ	pu
有氣音：披	プ．ウ	phu
常音：飛	ペエ	pe
有氣音：胚	ペ．エ	phe
常音：埔	ポオ	po・
有氣音：鋪	ポ．オ	pho・

　　例字「拋」這個漢字，無論是臺灣語「文音」或是臺灣語「白音」，都沒有拼讀成「pha」的發音，如果是以「文音」來拼讀的話，應該拼成「phau」

的發音；如果是以「白音」來拼讀的話，應該拼成「poa5」的發音，相當於拼命的「拼」字。另外還有「披」這個漢字，無論是臺灣語「文音」或是臺灣語「白音」，都沒有拼讀成「phu」的發音，這也可能是筆誤或是編纂錯誤而造成的現象。還有「飛」這個漢字，應該拼為「poe」的發音，而教科書中卻拼成「pe」的發音，減少了一個「o」的中介音。還有「胚」這個漢字，應該拼為「phoe」的發音，而教科書中卻拼成「phe」的發音，一樣是減少了一個的中介音。諸如以上所陳述的問題，可能是筆誤或是編纂錯誤而造成的現象。

　　另外，在這裏還存在著一個嚴重的問題，《新選臺灣語教科書》的內容是以學習臺灣語日常會話為主要的目標而編纂的教科書，因此拼音符號大致上以臺灣語「白音」為主，但是卻存在著一些臺灣語「文音」的成分，而變成「文白夾雜」的現象。例如「披」的文音讀為「phi」，而白音讀為「Boaⁿ」，教科書裏是選擇文音「phi」來做為練習的例字，其他的漢字除了上述錯誤的部分之外，全部都是以白音來做練習，因此產生了「文白夾雜」的現象。臺灣語的「文音」通常用於拼讀古典或經典等文學作品，而「白音」則是專門用於日常會話的拼音，如果教科書的內容有「文白夾雜」的現象，則會造成學習者在學習上的混亂情形，尤其是一個非以臺灣語為母語的日本人，更是無法釐清兩者之間的差異性，以致產生日常會話上的困擾。

四、低

表3-4-5：文白夾雜例句（5）

漢　　字	日本五十音	臺灣語羅馬拼音
常音：乾	タ　ア	ta
有氣音：他	タ．ア	tha
常音：芝	チ　イ	chi
有氣音：癡	チ．イ	chhi
常音：朱	ッ　ウ	chu
有氣音：雌	ッ．ウ	chhu
常音：低	テ　エ	te
有氣音：推	テ．エ	the
常音：都	ト　オ	to˙
有氣音：滔	ト．オ	tho˙

在這裏也一樣有「文白夾雜」的現象，「低」的文音是拼讀爲「te」的發音，而白音是拼讀爲「ke7」的發音，教科書的其他漢字都是以白音來拼讀練習，唯有「低」這個漢字以文音來拼讀，這種拼音符號的前後不一致，會造成學習者的一些困擾。

五、對

依據師範學校《新選臺灣語教科書》所舉的例字「對」，日本語五十音拼成「ツィ」，相當於羅馬音「tui3」的發音，以臺灣語羅馬拼音來說，這個字也有白音和文音的拼音差異，白音是拼成「toe3」，而文音是拼成「tui3」，因此書中所拼的日本語發音「ツィ」是對應文音「tui3」的發音，這本書的設計既然是以日常會話爲主要目標而編制的，那麼就應該徹頭徹尾都以臺灣語的「白音」來做爲拼音基準，讓學習者有遵循的標準。

六、妻

以文白夾雜的問題來說，例如「妻」的例字就舉得不太恰當，在書中將「妻」拼成「セ・エ」，相當於羅馬拼音的「chhe」，正好對應「妻」的文音唸法，以日常會話來說，一般臺灣人不會說「妻」，而會說「某」，或是「牽手」等詞，如果要舉例說明「セ・エ」（chhe）這個發音的話，臺灣語有許多相同的發音，例如「淒」、「叉」、「釵」、「初」、「差」……等比比皆是。

七、他

表 3-4-6：文白夾雜例句（6）

漢　字	日本語拼音	臺灣語羅馬拼音
他	タ．ア	tha
腮	チ．イ	chhi
虫＋且	ッ．ウ	chhu
担	テ．エ	the
偷	ト．オ	tho．

總督府《臺灣語教科書》的內容是以學習臺灣語日常會話爲主要的目標而編纂的教科書，因此拼音符號大致上以臺灣語「白音」爲主，但是卻存在著一些臺灣語「文音」的成分，而變成「文白夾雜」的現象。例如「他」這

個字拼爲「ㄊ．ㄚ」，相當於羅馬拼音「tha」的發音，而「他」這個字是一種文音的用法，沒有白音的讀法，如果要念成白音的話，應該用「伊」這個字才對。

表 3-4-7：文白夾雜例句（7）

漢　字	日本語拼音	臺灣語羅馬拼音
拋	パ．ア	pha
披	ピ．ィ	phi
浮	プ．ウ	phu
胚	ペ．エ	phe
舖	ポ．オ	pho．

「文白夾雜」的問題，如「披」這個漢字，教科書裏拼成「ピ．ィ」，相當於羅馬拼音「phi」的音，這個字的文音讀爲「phi」，而白音讀爲「Boan」，顯然書中是選擇文音「phi」來做爲練習的例字。

八、墓

在《新選臺灣語教科書》中，主要是以日常會話爲目的，因此多以「白音」爲主要的拼音方式，但是「墓」這個字卻使用文音來注記，「墓」在臺灣語羅馬拼音的白音中拼爲「bong7」，而文音則拼爲「bo7」，在教科書中，爲了與「帽」的發音ボヲ｜（bo7）做一比較，因此將「墓」注記成文音「ボオ｜」（boo7）的發音。筆者以爲這是不當的舉例，原因有二，首先發音的選擇，教科書中的例字拼音最好前後一致，如果是用白音的拼音方式，就應該全部採用這種拼音，而不應該文白夾雜，造成學習者混亂的印象；其次是例字的選擇，想要找出臺灣語「ボオ｜」（boo7）的發音例字，並不是一件難事，例如慕、募、幕、貿、茂……等比比皆是，不一定執著非得用「墓」字不可，以致牽涉到文言音與白話音相互混淆的問題。

九、經

「經」這個漢字拼成「キィ♭」，相當於羅馬拼音「kinn1；kiⁿ」的發音，但是依據臺灣語拼音，如果是白音拼成「kenn1；keⁿ」；如果是文音則拼成「keng1；keng」的音，無論是白音或文音，都不應該拼成「kinn1；kiⁿ」的音。還有「傷」

這個漢字拼成「シウ♭」，相當於羅馬拼音「siunn1；siuⁿ」的發音，但是依據臺灣語拼音，如果是白音拼成「siong」；如果是文音則拼成「siang1；siang」的音。

十、山

「山」這個漢字拼成「ソァ♭」，相當於羅馬拼音「sooann1；soaⁿ」的發音，依據臺灣語拼音，應該拼成「soann1；soaⁿ」，在這裏出現了「sooa」與「soa」的差異。以上所舉這些例字都是屬於拼音上的錯誤，應該再多加斟酌校訂，才會比較恰當。

十一、夫

無論是臺灣總督府所編的《臺灣語教科書》或是師範學校所編的《新選臺灣語教科書》，對於「夫」這個漢字都有文白夾雜的問題存在，「夫」字的日本語五十音拼成「アン」，相當於臺灣語羅馬拼音「ang1；ang」的發音，但是「夫」這個漢字有兩種念法，如果是指丈夫的話，應該拼成「hu1」的音；如果是指語助詞的話，應該拼成「hu5；hû」的音。無論是「hu1」或是「hu5」的發音，都是屬於「文音」的念法，依據臺灣語的會話習慣，不會將丈夫說成「夫」，而應該選用另一個漢字「尫」比較合乎實際會話的習慣用語。

十二、公

例句「公」這個漢字，在此書中拼成「kong」的發音，正好與臺灣語「公」這個字的文音一樣，臺灣語羅馬拼音將「公」這個字的文音拼成「kong」，而白音則拼成「kang」，這本書的設計既然是以日常會話為主要目標而編制的，那麼就應該徹頭徹尾都以臺灣語的「白音」來做為拼音基準，讓學習者有遵循的標準，因此在這裏又與前面一樣，再次犯了「文白夾雜」的問題。

總而言之，日治時代日本人自從領臺初始，就積極地從事臺灣語的學習，為了有效地學習臺灣語，歷年來編纂了許多相關的臺灣語詞典以及各種教科書，而本文所研究的師範學校這本教科書是昭和10年（1936）所發行的版本，臺灣總督府所編的教科書則是昭和17年（1943）所發行的版本，兩者都是屬於日治時代的後期作品，距離臺灣光復僅數年的時間，也就是說這兩本教科書的內容，以整個日治時代編纂臺灣語書籍來看，應該算是成熟期的作品，但還是有一些錯誤與不當之處。這一方面是臺灣語和日本語之間，本來就是屬於兩種不同的語言系統，想要在其中尋得一個完全能對應吻合的拼音符號，在根本上

就是一見困難度極高的事，再加上臺灣語是屬於方言，大多是口語相傳的語言，很少有系統地被編寫記錄成文字，因此注記上也有其困難之處。

第五節　音韻小結

臺灣語及日本語在音韻結構上，由於語言系統的根本不同，存在著很大的差異性，但有時也會有一些相同或相似之處，現在依照聲母、韻母、聲調三方面，分別做一總結與分析。

一、聲　母

日本語的聲母，除去零聲母之外，常用的聲母大約有十二個，但是，其實日本語的聲母中，除了「ア」行的音之外，往往帶有元音的成份，以「カ」行音為例，當我們發出「カ」的音時，其實包含了聲母「k」與元音「a」的成份；而發出「キ」的音時，包含了聲母「k」與元音「i」的成份；發出「ク」的音時，包含了聲母「k」與元音「u」的成份；發出「ケ」的音時，包含了聲母「k」與元音「e」的成份；發出「コ」的音時，包含了聲母「k」與元音「o」的成份。日本語的聲母中，「雙唇音」的部分有「パ」行、「バ」行、「マ」行；「舌尖前音」的部分有「ッ」、「サ」行、「ザ」行；「舌尖音」的部分有「タ」行、「ダ」行、「ナ」行、「ラ」行；舌面前音的部分有「チ」、「シ」；「舌根音」的部分有「カ」行、「ガ」行、「ハ」行等。由此可見，如果要將日本語的十二個聲母來對應漢語的聲母，顯然是不夠用的，因此在練習基本發音的過程中，一定會產生一些學習上的困境。現在列出漢語與日語的聲母對照表如下：

表 3-5-1：聲母對照表

舌　位	塞　音		塞擦音	鼻　音	邊　音	擦　音	
	清	濁		濁	濁	清	濁
雙唇音	パ【p】	バ【b】		マ【m】			
舌尖前音			ッ【c】			サ【s】	ザ【z】
舌尖音	タ【t】	ダ【d】		ナ【n】	ラ【l】		
舌面前音			チ【q】			シ【x】	
舌根音	カ【k】	ガ【g】				ハ【h】	

　　由上列表格中，可以很明顯地看出，漢語與日本語之間，有些聲母可以相互對應，日本人透過母語的基本素養，有利於學習漢語的發音，相反地，有些聲母無法相互對應，因此在發音的學習上，會產生一些學習困境，如果能掌握學習的優勢與劣勢，運用優勢來提昇學習成效，而針對劣勢來輔導學習者排除困難，就可以達到事半功倍的學習效能。

　　然而，臺日聲母發音也存在著不同之處，必須透過一些特殊方法，才能予以彌補。分別敘述如下：

（一）舌尖前音「ㄗ」

　　日本語聲母當中，缺乏舌尖前音「ㄗ」的發音，因此在日治時代所編的教科書中，為了彌補語音系統的缺乏，特別設計了「サ」、「セ」、「ソ」加上「ー」的符號。以「サ」而言，它是「ッ」與「ア」的結合音，使原本發成「sa」的音，變成了發「cha」的音。例字中的「知」拼成「サイ」（chai1）；「十」拼成「サブ丶」（chap8）；「早」拼成「サアノ」（cha2）；「財」拼成「サイ〻」（chai5）等，都是解決臺日聲母差異性的證明。以「セ」而言，它是「ッ」與「エ」的結合音，使原本發成「se」的音，變成了發「che」的音。以「ソ」而言，它是「ッ」與「ヲ」的結合音，使原本發成「so」的音，變成了發「cho」的音。

（二）舌尖音「d」

　　日本語聲母的舌尖音有清音「た」（ta）、「て」（te）、「と」（to）；以及濁音「ダ」（da）、「で」（de）「ど」（doo）等發音，如前所說，由於日本語的發音，同時具有聲母與元音的成份，在日本語舌尖音當中，其所含的元音成份有「a」、「e」、「oo」等音，如果遇到韻尾發「i」與「u」的發音時，就找不到可以對應的音了。因此利用「チ」具有元音「i」的成份，加上「ー」的符號，這個符號是「テ」與「ィ」的結合音，使得原本發成「chhi」的音，變成了發「ti」的音。此外，還在「ツ」符號的上頭，加上「ー」的符號，相當於トウ與ツウ中間的發音，相當於羅馬拼音「tu」的發音，用以彌補日本語發音的差異性。

二、韻　母

（一）舌面元音

　　日本語的發音系統，可以對應臺灣語韻母發音的有：「あ」對應「a」的發音；「い」對應「i」的發音；「う」對應「u」的發音；「え」對應「e」的發音；「お」對應「o」的發音。至於複韻母「ai」、「ei」、「au」、「ou」，如果對應

於日本語的話，就必須連結兩個韻母才能得到對應，例如「ai」的日本語發音必須連結「ア」（a）與「イ」（i）兩個音；「ei」的日本語發音必須連結「エ」（e）與「イ」（i）兩個音；「au」的日本語發音必須連結「ア」（a）與「ウ」（u）兩個音；「ou」的日本語發音必須連結「オ」（o）與「ウ」（u）兩個音。

臺灣語的韻尾有「oo」與「o」的區別，「oo」可以對應日本語「オ」的發音，但是「o」就找不到可以對應的發音，為了彌補這個語音的差異性，，特別使用了「ヲ」來做代表符號。「オ」是「お」的片假名寫法，發成「oo」的聲音，而「ヲ」則是「舊五十音」的注記方式，相當於現代五十音的「を」字，做為助詞使用的符號，發做「oo」的聲音。以現代日本語的新五十音來說，「を」這個字是代表承接在「他動詞」之前的助詞，由於日本語缺乏「o」的發音，無論是「オ」或是助詞「ヲ」這兩個符號，原本都是發做「oo」的音，為了因應臺灣語「o」的發音，並與「oo」的發音做一區分，因此將原本同樣發做「oo」的兩個符號「オ」與「ヲ」，分別代表「oo」與「o」的拼音，也就是「オ」發做「oo」的音，而「ヲ」則發做「o」的音。

（二）鼻　音

1. 韻尾「ng」與「n」

日本語五十音屬於鼻音的符號只有一個「ン」，而臺灣語的鼻音卻有「ng」、「n」、「nn」、「m」四種不同的發音，其中「nn」與「m」是日本語語音系統中根本的缺乏，屬於差異性的部分於下一段再分析。臺灣語「ng」與「n」兩個發音，雖然在日本語中可以找到相對應性的發音，但是嚴格說來，其實只有「ン」符號可以對應「ng」的發音。為了要區分「ng」與「n」兩種不同的鼻音，日治時代所編製的教科書特地用「ン」與「ヌ」兩種符號來辨識，利用日本語五十音原有的鼻音「ン」來拼臺灣語「ng」的發音；而「ヌ」則是「nu」的發音，這個符號原本是屬於開頭的聲母發音，並非鼻音韻尾，只是利用開頭「n」的發音，而省略韻尾「u」的發音，來對應臺灣語「n」的鼻音韻尾發音。

2. 鼻音韻尾「m」與「nn」

日本語五十音發出鼻音的符號，無法拼出「m」與「nn」的發音，這是兩種語言系統無法完全吻合的缺失。以臺灣語閉唇音「m」來說，利用日本語「ム」的開頭發音「m」，來代表閉唇音，而省略了韻尾「u」的發音；以「nn」來說，由於日本語找不到對應的發音，只能利用聲調符號，如「ﾞ」、「ﾞ」、「ﾟ」、「ﾞ」、「ﾞ」、「ﾞ」等來表示鼻音。

（三）促　音

臺灣語豐富的促音是一大語音特色，分別分爲舌根塞音「k」、舌尖塞音「t」、雙唇塞音「p」、喉塞音「h」四種，除了上述舌尖塞音「t」可以對應日本語「ツ」之外，其餘的促音都是日本語所缺乏的韻尾發音，也就構成兩種語言在語音上最大的差異性。

1. 舌尖塞音

日本語的促音只有一個符號，以現代日本語發音說，是利用「つ」的小一號尺寸「っ」來代表促音，但是在舊五十音當中，並沒有將符號縮小，而是同樣以「つ」符號來代表促音。而「つ」的片假名是「ツ」，因此在標注臺灣語舌尖促音「t」時，通常會以「ツ」來做注記。例如「決心」的日本語發音爲「けっしん」，相當於「ke-t-xi-n」，其中「っ」的符號表「促音」，雖然符號字體縮小一個尺寸，表示聲音停頓並沒有發出聲響，但也必須算一個音節。「決心」的臺灣語發音爲「kuat4-sim1」，其中「決」的語尾促音爲「t」，五十音注記爲「クアツ」的符號，也就是以「ツ」來注記臺灣語舌尖促音「t」的發音。「ツ」這個符號的讀音相當於羅馬拼音「ch」的發音，如果當做韻尾使用，並配合前面的聲母來發音時，完全看不出有舌尖促音「t」的聲音，應該不太適合做爲舌尖促音的代表符號。但是如果用日本語音系統輸入這個符號時，則是以「tu」的拼音來做輸入，可是這個字並不是念「tu」的音，所以在這裏有一些矛盾之處，也就是讀音與符號輸入的不一致。

2. 舌根塞音「k」

利用日本語五十音清音中的「ク」來對應臺灣語語尾「k」的舌根塞音，「ク」這個符號原本拼成「ku」的發音，如果當做韻尾使用，並配合前面的聲母來發音時，則省略了音尾「u」的發音，而只發出音頭「k」的聲音。

3. 雙唇塞音「p」

利用日本語五十音清音中的「プ」來對應臺灣語語尾「p」的合唇促音，「プ」這個符號原本拼成「phu」的發音，如果當做韻尾使用，並配合前面的聲母來發音時，則省略了音尾「hu」的發音，而只發出音頭「p」的聲音。例如臺灣語「踏」的白話音，發出「lap」的聲音，日本語注記爲「ラプ」，聲母是「ラ」，也就是「la」的發音，而韻母是「プ」，也就是「phu」，的發音，將中間「hu」的發音省略，就變成了「lap」的合唇促音。

4. 喉塞音「h」

喉塞音的發音方式，與舌頭、舌尖、舌根完全無關，其重點只是在於急促的聲音現象而已，相當於臺灣語羅馬拼音「h」的符號所代表的發音方式。日本語五十音的發音系統中也找不到任何可以對應的符號，而僅能利用聲調系統來顯示促音的發音方式，也就是第 4 聲調用「 」來代表，而第 8 聲調則用「 」來表示，至於音尾的符號則看不出有什麼特殊之處，這是兩種語言在語音方面的根本差異性，只能透過當時共同約定的規則去克服問題。

三、聲　調

日本語的發音基礎是奠基於五十音，依照五十音的發音性質來看，包括有「清音」、「濁音」、「半濁音」、「拗音」、「促音」、「鼻音」等六種，若依發音的長短來看的話，還有「長音」的發音方式。若以音節來說，漢語是屬於「單音節」的語言，因為在每一個漢語詞素中，只有一個聲母與一個元音群；如果就意義的層面來說，漢語的最小語言單位，也就是語位或詞素，絕大部分是屬於「單音節」的，只有少數一些外來語的音譯詞，例如「葡萄」、「琵琶」、「玫瑰」等，是屬於「雙音節語位」，因此，就漢語本身的結構來看，是一種「單音節」的語言。

反觀日語的音節，前述五十音的發音要素「清音」、「濁音」、「半濁音」、「拗音」、「促音」、「鼻音」等，每一個音都是代表日本語的一個音節，如果是由一個發音要素所構成的單語，就是單音節的單語，例如「木」，發音為「き」（ki）；如果是由兩個發音要素所構成的單語，就是雙音節的單語，例如「屋」，發音為「おく」（o-ku）；如果是由三個發音要素所構成的單語，就是三音節的單語，例如「貴方」，發音為「あなた」（a-na-ta）；如果是由四個發音要素所構成的單語，就是四音節的單語，例如「學校」，發音為「がっこう」（ga-k-ko-u）等。由此可見，日本語的音節數，與漢字的字數，並非一比一的單音節發音，與漢語的單音節語言是有差異性的。

若以聲調來說，日本語的聲調是屬於「高低音」的類型，最高音的音值相當於華語的第一聲調「55」，而最低的音值相當於華語的「輕聲」。日本語與華語一樣，有許多地方性的腔調，一般而言，以東京音為標準聲調，而東京音的標準聲調大約可以分為「頭高型」、「中高型」、「尾高型」、「平板型」四種聲調。反觀臺灣語聲調，光是本調就包含了七種聲調，再加上普通變調與特殊變調的規則，其聲調變化十分豐富而多樣，並非日本語聲調所能對應的。

　　爲了克服聲調學習的困難，日本人依據臺灣語羅馬音的聲調符號，做爲五十音注記的聲調符號標準，設計了「」、「╱」、「╗」、「╏」、「﹤」、「╱」、「｜」、「╲」等符號來對應。另外，爲了凸顯鼻音的成份，還以前述符號爲基準，稍微加以修改成具有圈圈的符號，例如「ҍ」、「ҍ」、「ҩ」、「ѳ」、「ҩ」、「ҍ」、「Ҏ」、「ҭ」等。雖然兩種語言在聲調上差異極大，但是運用這些特殊符號之後，還是可以在某些程度度予以克服問題。